GOLDMANN

U1875055

In der Reihe Goldmann Farbige Ratgeber
sind bisher folgende Bände erschienen:

Ganz ohne Fleisch. Gesund mit vegetarischer Küche (10250)
Stricken. Die neue Strickschule (10251)
Pasta-Buch. Die schönsten Nudelgerichte (10252)
Backen. Kuchen, Torten und Gebäck (10253)
Schöne Strickmodelle.
Jacken, Pullunder, Westen und Pullis (10254)
Diät. Schlank, gesund, schön (10255)
Naturapotheke. Rezepte von Mutter Natur (10256)
Balkon, Terrasse, Blumenkästen (10258)
Einmachen. Süßes und Pikantes aus Obst und Gemüse (10259)
Der Intensivgarten. Hoher Ertrag auf kleinstem Raum (10261)
Mein Kräuterbuch. Für Küche und Gesundheit (10263)
Häkeln. Die neue Häkelschule mit vielen Anregungen (10263)
Biologischer Nutzgarten.
Giftfreier Anbau von Obst und Gemüse (10264)
Wasser im Garten. Das Feuchtbiotop – Anlage und Pflege (10265)
Das Gemüsekochbuch. Von Artischocke bis Zucchini (10266)
Das Kartoffel-Kochbuch.
Rezeptideen für Suppen, Vorspeisen und Hauptgerichte (10268)
Das Lamm-Kochbuch.
Die besten Rezepte der internationalen Küche (10270)
Das Fisch-Kochbuch. Von Aal bis Zander (10271)
Das Auflaufbuch. Rezepte – mal süß, mal pikant (10272)
Der Naturgarten (10275)
Der Steingarten (10276)
Der kleine Garten (10277)
Der Wintergarten (10278)
Das Honigbuch (10279)
Gesund durch Ballaststoffe (10280)

Cindy Finch & Pat Sweetingham

Richtig salzen

Gesund und schlank mit Salz

Deutsche Erstausgabe

GOLDMANN VERLAG

Redaktion: Ursula Walther
Aus dem Englischen übertragen von Claudia Bräunig
Titel der Originalausgabe: Salt. The Role of Sodium in Your Diet
Originalverlag: W. Foulsham & Co. Ltd.,
Yeovil Road, Slough, Berkshire, SLI 4 JH

Bildquellen:
BHS – Bayerische Berg-, Hütten- und Salzwerke AG, Seite 13, 20, 22 und 24;
Orbis Verlag München, Seite 38

Made in Germany · 9/87 · 1. Auflage
© 1985 W. Foulsham & Co. Ltd.
© der deutschsprachigen Ausgabe
1987 by Wilhelm Goldmann Verlag, München
Umschlaggestaltung: Design Team München
Umschlagfoto: Guido Pretzel, München
Satz: Filmsatz Schröter GmbH, München
Druck: Georg Appl, Wemding
Verlagsnummer: 10281
Lektorat: Ulrike Kloepfer
Herstellung: Sebastian Strohmaier
ISBN 3-442-10281-2

Inhalt

Einführung

Natrium ist lebenswichtig

Natrium ist zwar lebensnotwendig, aber warum konsumieren wir ungefähr viermal mehr davon, als wir benötigen, obwohl das in natürlichen Nahrungsmitteln ohnehin schon enthaltene Natrium für alle unsere Körperfunktionen ausreichen würde?

Seit ungefähr zweihundert Jahren wird Natrium in immer größeren Mengen nicht nur als Konservierungsstoff in Nahrungsmitteln wie geräuchertem Fisch, Schinken und Wurst, sondern auch als Aromastoff verwendet. Der menschliche Körper ist jedoch nicht darauf eingestellt, diese Mengen an Natrium abzubauen, denn in dieser Hinsicht haben sich die Körperfunktionen seit Jahrtausenden nicht mehr weiterentwickelt; wir können lediglich eine geringe Menge Natrium verarbeiten.

Salz besteht aus 40% Natrium und 60% Chlorid und ist, wie wir feststellen werden, eine dem Natrium verwandte Verbindung. Schon frühe Kulturen entdeckten seine nahezu wunderbaren konservierenden Eigenschaften, und Salz wurde zu einem wichtigen Handelsrohstoff.

Salinen waren oft Anlaß zu kriegerischen Auseinandersetzungen, und für viele Länder war die Salzsteuer eine sehr wichtige Einnahmequelle.

Erst im vorigen Jahrhundert stand Salz in größeren Mengen billig zur Verfügung, als ein Vakuumverfahren zur Salzgewinnung entwickelt wurde. Davor mußte Salz in offenen Pfannen aus verdun-

stetem Meerwasser gewonnen oder mühsam aus den Salinen gefördert werden.
Natrium kommt in unserer Nahrung in vielen versteckten Arten vor, nicht nur in der natürlichen Form, sondern auch als gewöhnliches Kochsalz oder als Natriumchlorid, dem anorganischen Natrium. Anorganisches Natrium ist Bestandteil einer großen Anzahl chemischer Nahrungsmittelzusätze wie Backpulver, doppelkohlensaures Natron, Natriumnitrit, Natriumglutamat und Natriumpolyphosphat. Zusätzlich zu dem Salz, das wir zum Kochen und Würzen bei Tisch verwenden, ergibt das eine Menge, die bei weitem das übersteigt, was der Körper braucht.

»Salz und Salz«

Obwohl sich der Begriff Salz auf verschiedene chemische Substanzen beziehen kann, ist darunter im allgemeinen Natriumchlorid oder gewöhnliches Kochsalz zu verstehen.
Die 10 bis 12 Gramm, die wir täglich zu uns nehmen, setzen sich zusammen aus je einem Drittel in Nahrungsmitteln natürlich vorkommendem Natrium (das dem Normalbedarf angemessen wäre), anorganischem Natrium (das bearbeiteten und raffinierten Nahrungsmitteln zugesetzt ist) und das letzte Drittel wird der Nahrung beim Kochen oder bei Tisch zugefügt.

Oft wird der Geschmacksinn für Salziges schon in der frühesten Kindheit durch zu stark gesalzenes Essen hervorgerufen.

Manchmal werden Kinder auch versehentlich mit Lebensmitteln, die einen zu hohen Natriumanteil haben, ernährt. So zum Beispiel in den sechziger Jahren: Das Milchpulver enthielt damals mehr Natrium als andere Babynahrung. Dies wurde zwar erkannt und der Natriumgehalt gesenkt, aber noch heute enthält fertige Babymilch mehr Natrium als Muttermilch. Noch schlimmer ist es aber, wenn die Milch mit mehr Pulver, als auf der Packung angegeben ist, angerührt wird, denn dadurch wird die Babynahrung noch natriumhaltiger. Oft machen Mütter auch den Fehler, Gerichte, die für ihre Kinder bestimmt sind, nach ihrem eigenen Geschmack mit Salz zu würzen. Gerade Kinder haben heute eine Vorliebe für natriumhaltige Nahrungsmittel, ja sie ernähren sich oft nur von fetten Speisen, salzigen Snacks oder Süßigkeiten. Da Menschen schwer von der Ernährungsweise, die sie sich schon in der Kindheit angeeignet haben, loskommen, sind Ernährungswissenschaftler sehr besorgt um die Gesundheit der nächsten Generation. Nach neuesten Erkenntnissen werden Bluthochdruck und andere Herz-Kreislauf-Erkrankungen dann häufiger vorkommen als in unserer jetzigen Generation.

Wieviel ist zuviel?

Der durchschnittliche tägliche Salzverbrauch in den westlichen Ländern wird auf 8 bis 14 Gramm pro Person geschätzt, und das ist, darin sind sich die Ernährungswissenschaftler weltweit einig, zu hoch.

Allgemein wird es jedem, aber insbesondere Menschen mit hohem Blutdruck, empfohlen, den Salzkonsum einzuschränken.

In den USA hielt das U.S. Senate Select Committee für Ernährung und Gesundheit die US-Bürger dazu an, ihren Salzkonsum um 50 bis 85% auf ungefähr drei Gramm täglich zu reduzieren. Jüngste Informationen zeigen, daß ungefähr die Hälfte der Bevölkerung versucht, sich an diese Empfehlung zu halten. Ähnliches geschah in Finnland, als eine Regierungskampagne zur Reduzierung des Salz-, Fett- und Zuckergebrauchs aufrief, um die Gesundheit der Nation zu verbessern. Die Kampagne war sehr erfolgreich, und vor kurzem konnte Finnland den stärksten Rückgang an Herzkrankheiten mit Todesfolge in der Welt verzeichnen. In Großbritannien hat sowohl das National Advisory Committee für Ernährungswissenschaften (NACNE) in seinem 1983 veröffentlichten Bericht sowie das Health Education Council eine Reduzierung des Salzverbrauchs und behandelter Nahrungsmittel empfohlen.

Bluthochdruck

Der Zusammenhang zwischen einer hohen Salzaufnahme und Bluthochdruck sowie ernsteren Herz-Kreislauf-Erkrankungen ist ausführlich von Dr. Graham MacGregor und der Abteilung für Blutdruck am Charing Cross-Krankenhaus untersucht worden. Dr. MacGregor hat zweifelsfrei erwiesen, daß eine Reduzierung der Natriumaufnahme tatsächlich einer Erhöhung des Blutdrucks entgegenwirkt.

Zu hoher Blutdruck gefährdet die Gesundheit, und da keine alarmierenden Symptome auftreten, wird er möglicherweise so lange nicht bemerkt, bis ein Schlaganfall, ein Herzleiden oder eine Nierenkolik auftreten.

Menschen mit Bluthochdruck sind für diese Krankheiten anfälliger als andere. Deshalb ist es sehr wichtig, daß man nicht nur das Körpergewicht, sondern auch den Blutdruck regelmäßig überprüft. Je früher man die Tendenz zum erhöhten Blutdruck erkennt, desto schneller kann man wirksame Gegenmaßnahmen ergreifen und so möglicherweise ernsthafte Erkrankungen vermeiden.
Der Blutdruck ist, einfach ausgedrückt, die Kraft, die unseren Blutkreislauf antreibt. Man kann mit Hilfe eines Blutdruckmessers den Blutdruck feststellen. Bei jedem Herzschlag erreicht der Blutdruck in den Arterien einen Höchstwert, dies ist der systolische Wert. In der kurzen Pause vor dem nächsten Herzschlag fällt der Druck in den Arterien, dies ist der diastolische Wert. Der Blutdruck jedes Menschen verändert sich ständig. Während des

Schlafs ist er niedriger und höher bei geistiger oder körperlicher Aktivität oder bei Überanstrengung. Man spricht von hohem Blutdruck, wenn bei einem Menschen in normalem, entspanntem Zustand ein systolischer Druck von 160 mmHg oder darüber und ein diastolischer Druck von 90 mmHg oder darüber gemessen wird.

Gegenwärtige Tendenzen

In unserer heutigen Zeit haben etwa 20% der Bevölkerung oder einer von fünf Menschen Bluthochdruck und »sechs von zehn werden an einer Störung der kleinen Blutgefäße, die das Körpergewebe mit Sauerstoff und wichtigen Nährstoffen versorgen, sterben«, meint Dr. Graham MacGregor. Er stellt weiterhin fest, daß von den drei Faktoren, die eine Arterienkrankheit und damit auch einen Schlaganfall oder eine Herzerkrankung mit Todesfolge begünstigen, der Bluthochdruck am besten zu behandeln ist. Aus diesen Erkenntnissen ist also zu schließen, daß der Bluthochdruck – eine der häufigsten Todesursachen in westlichen Zivilisationen – erfolgreich bekämpft werden kann.
Vorbeugende Maßnahmen haben sogar schon bei Säuglingen und Kleinkindern einen bezeichnenden Erfolg. Eine 1983 in Rotterdam erstellte Studie hat erwiesen, daß eine Gruppe Neugeborener, die über einen Zeitraum von nur sechs Monaten mit natriumarmer Kost ernährt wurde, einen niedrigeren systolischen Wert hatte als eine ähnliche Gruppe, die normale Nahrung bekommen hatte. Daß sich die Salzreduzierung in den Lebensmitteln bei Erwachsenen auf den Blutdruck günstig auswirkt, wußte man schon mindestens vierzig Jahre, bevor die ersten blutdrucksenkenden Medikamente auf den Markt kamen. Damals hat man den Patienten Schonkost verordnet, die ziemlich einseitig und langweilig schmeckte. Erst kürzlich entdeckte man, daß der Blutdruck allein durch die Verminderung der Natriumzufuhr um die Hälfte wirksam gesenkt werden kann. Falls Sie wegen erhöhten Blutdrucks in medizini-

scher Behandlung sind, sollten sie in jedem Fall mit Ihrem Arzt über eine Diät sprechen, mit der er dann noch andere therapeutische Maßnahmen kombinieren kann.

Wie Sie sich übermäßiges Salzen abgewöhnen können

Es gibt keinen Zweifel daran, daß man sich den Geschmack an Salz »anerzieht«, und daß es gar nicht so schwer fällt, sich an eine Reduzierung zu gewöhnen. Im Mund, vor allem auf der Zunge, befinden sich kleine Erhebungen, die sogenannten Geschmacksrezeptoren. Jeder einzelne dieser Rezeptoren kann auf einen bestimmten Grundreiz – süß, salzig, sauer, bitter – reagieren. Sie alle können jedoch auch auf mehr als nur jeweils diesen einen Reiz reagieren, aber ein Zuviel an Salz bewirkt eine Einschränkung ihrer Empfindlichkeit. Durch zu salzige Speisen wird also der Geschmackssinn geschmälert, so daß auch die anderen Reize nicht mehr in vollem Umfang verspürt werden. Die Konsequenz ist natürlich, daß jemand, der auf diese Weise seine Geschmacksrezeptoren unempfindlich gemacht hat, immer mehr Salz benötigt, um die Nahrungsmittel auch wirklich salzig zu würzen. Aus diesem Grund brauchen Sie Geduld, wenn Sie ihren Salzkonsum einschränken wollen, denn Sie müssen warten, bis sich Ihre Geschmacksrezeptoren umgestellt haben. Dies kann zwar zwei Wochen bis drei Monate dauern, ist der Normalzustand aber erreicht, werden Sie die feinsten Geschmacksrichtungen registrieren, vielleicht sogar manche, die Sie nie zuvor geschmeckt haben.
Senken Sie den Salzverbrauch, indem Sie beim Kochen immer weniger Salz verwenden, und stellen Sie den Salzstreuer entweder gar nicht auf den Tisch, oder ersetzen Sie das normale Speisesalz durch ein natriumarmes Salz oder einen sogenannten Salzersatz. Diese sind inzwischen in vielen Geschäften und Supermärkten

Trinkhalle in den Kuranlagen von Bad Reichenhall

erhältlich und eine gute Möglichkeit für jeden, der an Salz gewöhnt ist und nur schwer darauf verzichten kann. Natriumarme Produkte bestehen aus einer Mischung von Kalium und Natrium, wogegen die salzfreien Surrogate nur auf Kalium basieren. Manchmal haben sie einen bitteren Geschmack, also verwenden Sie sie sparsam! Als nächsten Schritt kaufen Sie kein Salz mehr und reduzieren oder streichen Sie (das hängt von Ihrem Blutdruck ab) zu salzige Nahrungsmittel (siehe Nahrungsmitteltabellen S. 33ff.).
Verzichten Sie auf stark natriumhaltige Gewürze. Kaufen Sie ungesalzene Brühwürfel (man bekommt sie in Reformhäusern), oder bereiten Sie selbst eine Gemüsebrühe zu. Achten Sie insbesondere darauf, natriumhaltige Zusätze, wie sie in den Tabellen auf S. 34 und 35 angegeben sind, zu vermeiden. Kaufen Sie natriumfreies Backpulver, oder lassen Sie es sich nach folgendem Rezept beim Apotheker mischen: 40 g Kaliumbikarbonat, 28 g Stärke, 7,5 g Weinsteinsäure, 56 g Kaliumbitartrat. Nehmen Sie davon einen gehäuften Teelöffel auf 225 g Mehl oder anderthalbmal so viel wie bei normalem Backpulver.

Auch einige Arzneimittel enthalten Natrium: Darüber kann Ihnen ein Apotheker Auskunft geben.

Säurebindende Produkte haben meist einen sehr hohen Natriumanteil – prüfen Sie das Etikett! Verzichten Sie auf Vitamin-C-Präparate, die mit Natriumascorbat, das einen sehr hohen Natriumanteil hat, hergestellt wurden.
Bei der Aufzählung natriumhaltiger Produkte in unserer Ernährung werden Sie sich vermutlich fragen, was Sie überhaupt noch essen dürfen. Erst allmählich wird sich die Nahrungsmittelindustrie über den Natriumanteil in unseren heutigen Lebensmitteln bewußt und unternimmt erste Schritte, diesen zu reduzieren. Dadurch, daß Lebensmittelzusätze heute fast immer auf der Verpakkung angegeben sein müssen, ist es leichter geworden, sich gesund zu ernähren. Und erfreulicherweise interessieren sich immer mehr Menschen dafür, was sie tatsächlich zu sich nehmen.

In den Rezepten dieses Buches werden in erster Linie natürliche Lebensmittel verwendet. Diese sind unraffiniert und unbearbeitet, es wurde ihnen nichts zugefügt und nichts entzogen. Sie haben keine künstlichen Zusätze, enthalten aber alle Nährstoffe, die unser Körper benötigt, einschließlich eines natürlichen Gleichgewichts an Natrium und Kalium in einer Form, die vollständig absorbiert werden kann.

Wie Sie Ihre Ernährung umstellen

Durch die Umstellung von stark gewürzten und raffinierten Lebensmitteln auf eine gesunde Kost wird die Salzaufnahme erheblich vermindert – das sollte jedoch langsam und allmählich geschehen. Nicht nur Ihr Körper braucht Zeit, sich an neue Geschmacksrichtungen und an eine Verdauung der neuen Kost anzupassen, auch Ihre Koch- und Einkaufsgewohnheiten müssen sich möglicherweise ändern. Geben Sie auch Ihrer Familie oder denjenigen, für die Sie kochen, Zeit, sich an einen neuen Essensstil zu gewöhnen. Eine Kost mit biologisch reinen Nahrungsmitteln bewirkt eine Senkung der Salzaufnahme und gleichzeitig eine Besserung Ihrer Gesundheit: Sie nehmen auch weniger Fett und Zucker, dafür aber mehr Ballaststoffe zu sich. Am besten wechseln Sie nach und nach ein Lebensmittel gegen ein gesünderes aus. Nehmen Sie z. B. zuerst Graubrot anstelle von Weißbrot, dann Vollkornbrot, danach gar nicht oder wenig gesalzenes selbstgebackenes Brot; allen gekauften Broten ist Natrium zugesetzt. Backen Sie alle vierzehn Tage mehrere Portionen, die sie einfrieren können, oder bitten Sie Ihren Bäcker, salzfreies Brot zu backen. Unser Bäcker hat nach und nach den Salzgehalt seines Brotes gesenkt, und es wird trotzdem immer noch gerne gegessen. Kaufen Sie als nächstes nur noch Vollkornnudeln, ungeschälten Reis und biologische Getreidearten. Diese Produkte enthalten wertvolle Ballaststoffe, Vitamine und Mineralstoffe. Drosseln Sie Ihren Verbrauch an gesättigten Fetten und Zucker, und ersetzen Sie diese durch hochungesättigte, reine

Pflanzenöle wie Sonnenblumen- und Sojaöl. Verwenden Sie als Brotaufstrich entweder Margarine oder ungesalzene Butter vermischt mit kaltgepreßtem Sonnenblumenöl, so erhalten Sie einen milderen Aufstrich. Ersetzen Sie allmählich industriell behandelte durch frische, unbearbeitete Lebensmittel, und stellen Sie nach und nach Ihren Speiseplan um. Seien Sie in dieser Beziehung diplomatisch. Probieren Sie an einem bestimmten Tag der Woche mit dem Einverständnis Ihrer Familie ein neues Gericht, aber experimentieren Sie nicht jeden Tag herum, denn dann kann es vorkommen, daß Ihre Familie dann und wann auswärts essen geht! Wenn sie an dem, was gut angekommen ist, festhalten und diejenigen Rezepte streichen, die keinen Anklang gefunden haben, werden Sie bald eine Anzahl von neuen Lieblingsspeisen zur Verfügung haben. Die Geschmacksrezeptoren sind zufriedengestellt und die Speisenauswahl und das Kochen werden einfacher.

Kaufen Sie jede Woche mehr und mehr Frischkost ein, und gewöhnen Sie sich daran, *jeden* Tag Salat zu essen. Aber nicht nur langweiligen, zusammengefallenen Kopfsalat, Tomaten- und Gurkenscheibchen oder geschmacklosen Salat aus der Dose, wie er so oft in Imbißstuben und Kantinen angeboten wird. Stellen Sie Ihre eigenen Kompositionen roher Gemüse und Obst nach Ihrem Geschmack zusammen, und sorgen Sie für Abwechslung, indem Sie folgendes zufügen: gekochten Reis oder gedünstete Bohnen, ein paar ungesalzene Nüsse, Sonnenblumenkerne oder Rosinen. Kräuter und Gewürze eignen sich gut zum Verfeinern von Salaten und anderen Gerichten. Vorschläge für Salate und Salatsaucen finden Sie im Rezeptteil.

Speiseplan für einen »gesunden Tag«

Diese Vorschläge basieren auf 4 Prinzipien einer vernünftigen und nahrhaften Kost:
Mehr Frischkost – weniger Fett – weniger Zucker und Salz – mehr Ballaststoffe, Vitamine und Mineralstoffe.

Frühstück

Für die meisten von uns sollte diese Mahlzeit auf Stärke basieren. Verwenden Sie auf jeden Fall ballaststoffreiche Vollkornflocken ohne Zucker- und Salzbeigaben. Diese Produkte sollten sie probieren:
Fertige Vollkornfrühstücksflocken, zuckerfreies Müsli oder selbstgemachte Getreideknusperflocken (Rezept, siehe Seite 82) oder Porridge ohne Salz (versuchen Sie das echte Porridge aus über Nacht in Wasser eingeweichten Haferflocken, die dann 5–10 Minuten aufgekocht werden). Sie können es mit Honig, Fruchtsaft oder Samenkörnern geschmacklich verfeinern;
gering gesalzenes Brot mit natriumarmer Margarine oder ungesalzener Butter mit Gelee oder zuckerfreier Marmelade;
frisches Obst mit Joghurt und/oder Müsli mit Nüssen und Samenkörnern;
getrocknete Früchte werden über Nacht in einer geschlossenen Schale in heißem Wasser mit Zitrone und einigen Gewürzen eingeweicht;
Eier von freilaufenden Hühnern, gekocht oder als Rührei mit etwas Milch oder als verlorene Eier (ohne Salz).

Mittagessen oder leichtes Abendessen

Hier bietet sich Salat an, auch als Auflage für Brötchen, Sandwiches und andere Brote. Wählen Sie aus der großen Palette von Blattsalaten und Wurzelgemüsen, Keimlingen und Obst, wenn Sie

mögen, angemacht mit einem leckeren Dressing und entweder einem milden Käse, einem hartgekochten Ei oder mit Hülsenfrüchten, Getreidekörnern, Nüssen und Samenkörnern.
Selbstgemachte Suppe wird mit Gewürzen verfeinert. Beenden Sie die Mahlzeit mit frischem Obst, Trockenfrüchten, Joghurt oder Obst mit ein wenig Sahne oder Mousse.

Hauptmahlzeit für den Abend oder als Mittagessen

Dies sollte eine proteinhaltige Mahlzeit sein. Bereiten Sie mal eine vegetarische Mahlzeit auf der Grundlage der drei wichtigen Gruppen pflanzlicher Proteine:
Getreidekörner (Reis, Weizen, Hirse, Buchweizen)
Hülsenfrüchte (Bohnen, Erbsen und Linsen)
Nüsse und Samenkörner und ab und zu Magerkäse oder Eier von freilaufenden Hühnern.
Folgendes steht zur Auswahl: Paella, Risotto, Curryreis, gefülltes Gemüse, Bohnen- und Gemüseeintopf, Gerichte aus Hülsenfrüchten, Gemüse- und Bohnenpasteten, Teigwaren, Quiches, Aufläufe und Soufflés.
Nichtvegetariern steht folgendes zur Verfügung: frischer Fisch, mageres (im Idealfall biologisches) Fleisch, Geflügel oder Wildbret (Fleisch von Wildtieren unterscheidet sich sehr von dem fetter, mit Medikamenten behandelter und belasteter Zuchttiere).
Servieren Sie die Gerichte mit passenden rohen Gemüsesalaten und Salatsaucen oder mit leicht gedünsteten Gemüsen, die Sie mit Kräutern, *nicht* mit Salz würzen.

Nachtisch

Frisches Obst in verschiedenen Kombinationen oder nur eine Sorte, Joghurt natur oder mit Früchten in etwas Sahne, einer Tunke oder Mousse, Vollkornpfannkuchen, Kekse oder mageren Käsekuchen.

Naturbelassene oder organisch gedüngte Lebensmittel bekommt man in immer mehr Lebensmittelläden, in jedem Fall aber in Reformhäusern und Naturkostgeschäften. Sie werden auf gesundem Boden ohne chemische Düngemittel, Insekten- und Unkrautvertilgungsmittel angebaut.

Vegetarier leben im allgemeinen länger und leiden seltener an den sogenannten Zivilisationskrankheiten als Fleischesser. Viele Menschen, die gegen die inhumane Tierhaltung eingestellt sind, ernähren sich heute fleischlos. Sie werden entweder zu Halbvegetariern (man ißt Fleisch oder Fisch nur ein- bis zweimal in der Woche) oder zu Vollvegetariern (man ißt weder Fisch noch Fleisch oder Wurstwaren und vermeidet weitgehend andere tierische Produkte).

Salzsäumer um 1880

Salz – Die Geschichte

Quellen

Nur 70 Meter vom Cheshire-Gebirge im Nordwesten Englands entfernt lagern unerschöpfliche Vorräte einer Substanz, die schon zu Zeiten der Römer und davor von den Menschen sehr geschätzt wurde – Salz. Weil es dicht an der Oberfläche liegt und leicht abgebaut werden kann, war Cheshire lange Zeit das Zentrum der Salzindustrie Großbritanniens. In Deutschland waren die Solquellen und Steinsalzvorkommen, z. B. in Bad Reichenhall und Salzgitter sehr ergiebig. Auch andere Länder wie Spanien, Amerika, Indien und Australien haben zwar ebenfalls Vorkommen von Steinsalz, auch Halit genannt, das aber in sehr unterschiedlichen Tiefen liegt. Die Steinsalzminen von Wieliezka in Polen befinden sich zum Beispiel 3000 Meter unter der Erde und bilden dort eine richtige kleine Stadt aus glitzernden Balkonen, Hallen und Gebäuden aus Salz. Seit 1251 wird dort Salz zu Tage gefördert. Die einzige übriggebliebene Salzmine Englands ist 1840 eingestürzt und liegt 150 Meter unter der Erde. Das hier gewonnene Salz wird heute in erster Linie im Winter als Streusalz verwendet. Steinsalz hat eine Konzentration von 20% oder höher und wird meist auf konventionelle Weise abgebaut. An manchen Stellen, z. B. in Bad Reichenhall, bilden sich jedoch auch natürliche Solen durch unterirdische Quellen, in denen sich Salz aus den Steinsalzvorkommen ablagert. Diese Solen kann man dann zu Tage fördern. Die Sole wird erhitzt, damit sich Salzkristalle bilden, die in ihrer Größe, je nach Erhit-

Salzgewinnung unter Tage für Lecksteine

zungsgrad, variieren. Seit der Römerzeit wird auf diese Weise Salz gefördert. Salz, das sich seit 200 Millionen Jahren dort ablagert, seit einer Zeit also, als dieser Teil der Insel noch Binnenmeer war, das nach und nach durch das heiße, aride Klima austrocknete. Manche der Solquellen werden heute auch als Heilquellen genutzt.

Methoden der Gewinnung

Meersalz wird durch Verdunsten von Meerwasser gewonnen und hat unterschiedlich hohe Konzentration von 2,7% bis 7,4% (wie im Toten Meer). Es wird hauptsächlich in heißen Gegenden hergestellt oder in Ländern, die keine Steinsalzvorkommen haben wie z. B. Japan. In Großbritannien wird Meersalz seit der Zeit der Angelsachsen in Essex gewonnen, und es ist noch heute in kleinen Mengen dort zu bekommen.

Verwendung

Primitive Völker der Erde haben wahrscheinlich nie in ihrem Leben Salz geschmeckt. Der regelmäßige Gebrauch von Salz begann, als die ziehenden Völker zu seßhaften Bauern wurden. Diese benötigten Salz zur Konservierung von Fleisch und Fisch, zum Gerben von Leder für Kleidung und andere Güter und bei religiösen Handlungen. Die Ägypter gebrauchten Salz bei der Einbalsamierung, und überhaupt spielte Salz in vielen alten Religionen in Kult- und Opferzeremonien eine sehr wichtige Rolle. Hieraus haben sich viele Rituale, Traditionen und Aberglauben entwickelt. In griechischen, arabischen und persischen Sagen ist Salz eine Metapher für Bürgschaft, vielleicht aufgrund seiner konservierenden Eigenschaften. Verschiedene Symbole haben sich in einigen Ländern bis heute erhalten. So nennen wir zum Beispiel etwas, das wir sehr wertschätzen »das Salz der Erde«, oder wir benutzen das Wort »Salär«, abgeleitet aus dem lateinischen »salarius«, das eine Teilungseinheit für Salz bedeutete.
Salz mußte oft über weite Strecken transportiert werden, und daher wurden Straßen zu den Salzvorkommen gebaut. Die älteste Straße Italiens, die Via Salaria, ist eine alte Salzstraße ebenso wie einige alte Karawanenwege in der Sahara, wo tatsächlich heute noch wie in der Vorzeit mit Salz gehandelt wird. Kleine Kuchen aus Salz dienten in Abessinien und Afrika als Zahlungsmittel, und noch heute werden in einigen orientalischen Ländern Salzsteuern erhoben.
Unter den Römern wurde in Großbritannien Salz in offenen Pfannen eingedampft. Diese Methode wurde erst Anfang dieses Jahrhunderts durch ein modernes Vakuumverdampfungssystem abgelöst. Auch Seife wird bereits seit dem 4. Jahrhundert unter Verwendung von Salz hergestellt.
Salz wurde bis zum Beginn der industriellen Revolution in Maßen verwendet. Danach verursachten die großen, sozialen, wirtschaftlichen und technischen Neuerungen des späten 18. und frühen

Salzschiff um 1750

19. Jahrhunderts einen gewaltigen Anstieg des Salzhandels. Die Bevölkerung wuchs von etwa sechs Millionen auf fast einundzwanzig Millionen an, und die Abwanderung in die Städte hatte eine enorme Nachfrage an Versorgungsgütern, einschließlich Salz, zur Folge.

Überall in der westlichen Welt basieren große Industriezweige auf der Herstellung von Stoffen wie Salzsäure, Ätzkalk, Chlor, Wasserstoff, Natriumkarbonat und Ätznatron, die für viele Produkte unseres täglichen Lebens benötigt werden, ohne daß wir uns bewußt sind, daß sie alle gewöhnliches Salz als Grundlage haben.

Neueste Erkenntnisse der Ernährungswissenschaft

Nicht in jedem Land wird gleich viel Salz verbraucht. So beträgt zum Beispiel die Menge, die ein Eingeborener in Neuguinea pro Tag durchschnittlich zu sich nimmt 0,5 Gramm, wohingegen in Nordjapan pro Kopf täglich etwa 30 Gramm konsumiert werden. In der westlichen Welt liegt der Wert ungefähr bei 10 bis 12 Gramm und dies ist dreimal mehr als der tatsächliche Bedarf. Selbst bei schwerer körperlicher Arbeit oder bei Leistungssport – bei dem durch das Schwitzen Natrium ausgeschieden wird – benötigt der menschliche Körper keine solche Menge Salz. Die traditionelle Ernährungsweise eines Volkes bestimmt also auch mit den täglichen Salzkonsum.

Die jüngsten Forschungsergebnisse verdeutlichen eine starke Belastung der Nahrung mit Natrium, aber einen Mangel an Kalium. Diese Tatsache führt zu der Annahme, daß nicht nur stark natriumhaltige Nahrung, sondern auch Kaliummangel für eine Erhöhung des Blutdrucks verantwortlich ist. Die Eingeborenen Neuguineas essen viel mehr frisches Obst und Gemüse, das Kalium und Natrium im ausgewogenen Verhältnis enthält, als Menschen in den Industrieländern. Nach Dr. MacGregors Statistik liegt ihre Kaliumaufnahme bei 4 bis 8 Gramm täglich, während die der Nordeuropäer bei nur 1 bis 3 Gramm liegt, und das ist die Hälfte von dem, was die Südeuropäer aufnehmen. Bei der Herstellung und Behandlung von Nahrungsmitteln geht beides, Kalium und Natrium, verloren, aber nur Natrium wird den Lebensmitteln wieder zugefügt, meist in viel zu hohen Mengen und in anorganischer Form. Dieses

Ungleichgewicht von Natrium und Kalium in unserer Nahrung ist nach Ansicht der Wissenschaftler die Hauptursache für Bluthochdruck und andere Herz-Kreislauf-Erkrankungen, die häufig zum Tode führen.

Bis heute wurde nur der Zusammenhang zwischen Salzaufnahme und Bluthochdruck ausführlich untersucht. Studien an verschiedenen Völkern, die eine unterschiedliche Ernährungsweise und jeweils andere Lebensstile entwickelt haben, haben ergeben, daß in Neuguinea nur 3% der Bevölkerung zu hohen Blutdruck haben, in Japan aber fast 40% an Bluthochdruck leiden – und die Zahl der Schlaganfälle mit Todesfolge ist entsprechend hoch. In den westlichen Ländern erhöht sich der Blutdruck im Alter, während er in Neuguinea im Alter tatsächlich fällt. Andere Untersuchungen ergaben die gleichen Ergebnisse, und es wird deutlich, daß ein Zuviel an Salz über viele Jahre hinweg zu Bluthochdruck führt.

Bluthochdruck ist der Auslöser für viele andere Leiden wie Arterienerkrankung, welche entweder zum Schlaganfall, Herzanfall, Erkrankung der Atmungsorgane oder zu Nierenerkrankungen führen kann. Weitere Faktoren, die zu erhöhter Anfälligkeit für diese Krankheiten führen sind: Rauchen, Übergewicht, zu wenig sportliche Betätigung – alles Dinge, die man mit etwas gutem Willen ändern kann. Wenn jemand die Tendenz zu Bluthochdruck zeigt, sollte er seine Ernährung auf natriumarme Kost umstellen. Generell profitiert aber jeder von einer Senkung der Salzaufnahme.

Ein weniger bedrohliches Problem, das aber vielen Frauen Kummer bereitet, ist die Gewichtszunahme und das Gefühl der Aufgedunsenheit vor der Menstruation. Hier werden oft harntreibende Mittel (Wassertabletten) verschrieben, obwohl eine Senkung des Salzkonsums und eine Erhöhung der Kaliumzufuhr durch das Essen von viel frischem Obst und Gemüse einen ähnlich wirksamen Effekt zu haben scheint. In jedem Fall aber sollten Sie über dieses Leiden, wie auch über andere mit Natrium im Zusammenhang stehende Krankheiten, etwa Herzschwäche, Leber- und Nierenerkrankungen, mit Ihrem Arzt sprechen, bevor Sie durch eine Diät die Natriumaufnahme regulieren.

Es ist schwierig, die Gruppe von Personen klar einzugrenzen die für Bluthochdruck besonders anfällig ist, und außerdem fehlen noch hundertprozentige Hinweise darauf, wie sich die Natriumzufuhr direkt auf den Körper und seine Funktionen auswirkt. Tierversuche haben zwar ergeben, daß mit erhöhter Salzaufnahme der Blutdruck steigt, aber diese Versuche können an Menschen nicht durchgeführt werden. Man hat aber sicher festgestellt, daß bei Tieren, die normalerweise für Bluthochdruck anfällig sind, dieser Erkrankung in fast allen Fällen durch die Verminderung des Salzgenusses vorgebeugt werden kann. Aber auch hier wurden keine Tests mit Menschen durchgeführt, und es wird möglicherweise noch einige Jahre dauern, bis endgültige Ergebnisse vorliegen, denn der Bluthochdruck entwickelt sich über einen Zeitraum von 40 bis 50 Jahren.

Es steht fest, daß bei Völkergruppen, die ihrer Nahrung kein zusätzliches Salz zufügen, so gut wie kein Fall von Bluthochdruck vorkommt, in Zivilisationsländern, in denen mit Salz nicht sparsam umgegangen wird, ist diese Krankheit jedoch erschreckend weit verbreitet.

Bei Afrikanern, die aus ländlichen Gegenden, in denen sie sich natriumarm, dafür aber kaliumreich ernährt haben, in die Städte gezogen sind, wo sie Nahrungsmittel mit mehr Salz zu sich genommen haben, wurden viele Fälle von erhöhtem Blutdruck festgestellt. Man kann aus solchen Untersuchungen schließen, daß die Ausgewogenheit von Kalium und Natrium in unserer Nahrung eine wichtige gesundheitliche Rolle spielt.
Allem Anschein nach ist der Salzkonsum in einigen Ländern aufgrund von Gesundheitskampagnen zurückgegangen. So konnte zum Beispiel in Belgien die durchschnittliche Salzzufuhr auf 9 Gramm (sie betrug vorher 15 Gramm) gesenkt werden, und die Zahl der Kreislauf-Krankheiten mit Todesfolge ging erheblich zurück. Ähnliche Erfolge brachten Kampagnen in Japan und in Finnland. In den meisten Ländern wird inzwischen Aufklärung über

gesunde Ernährung und Lebensweise betrieben, und es zeigen sich erfreulicherweise auch schon Erfolge.

Daß nicht nur ausgewogene Kost günstig auf unsere Körperfunktionen wirkt, ist wohl inzwischen fast jedem bewußt; wir müssen auch alle anderen Risikofaktoren weitgehend ausschalten.

Dazu gehört, das Rauchen aufzugeben – wodurch das Risiko eines Herzinfarkts gesenkt und bei Menschen mit erhöhtem Blutdruck auch die Gefahr eines Schlaganfalls eingeschränkt wird; eine Reduzierung des Körpergewichtes wirkt sich oftmals auf den Kreislauf aus; regelmäßige körperliche Bewegung unterstützt das Wohlbefinden und die Gesundheit; Reduzierung der Fettaufnahme – und ersetzen Sie gesättigte Fette (üblicherweise, aber nicht immer nur, tierische Fette) durch hochungesättigte Fette wie Sonnenblumen- und Getreideöl.

Außer den eben genannten Maßnahmen empfiehlt Dr. Graham MacGregor dringend eine Kost, die ausreichend Kalium enthält, das heißt, daß man viel frisches Obst und Gemüse zu sich nehmen sollte; ganz abgesehen davon, daß in solchen Nahrungsmitteln wenig Natrium und Fett enthalten sind, unterstützen die in Pflanzenprodukten vorhandenen Ballaststoffe die Verdauung, und die Spurenelemente Magnesium und Kalium wirken sich günstig auf die Gesundheit aus.

Auch Vitamine und Mineralstoffe wurden in wissenschaftlichen Studien einer Prüfung unterzogen. Jüngste amerikanische Untersuchungen scheinen anzudeuten, daß auch der Mangel an Magnesium, Kalzium, Vitamin A und Vitamin C bei Gesundheitsschäden eine Rolle spielt. Dr. John Brown vom britischen Gesundheitsministerium vermutet, daß eher das Ungleichgewicht der Mineralstoffe in unserer Ernährung als das Fehlen eines einzigen Spurenelements für Störungen verantwortlich ist. Amerikanische Forschungen haben ergeben, daß sich der Chloranteil im Salz auf den Kreislauf auswirkt, da Chlor in hohen Dosen zu einer Verminderung von Kalzium im Körper führen kann. Wir werden sicherlich bald Forschungsergebnisse und Hinweise erhalten, die uns den Zusammenhang zwischen Natrium und anderen Mineralstoffen und deren Auswirkungen auf unsere Körperfunktionen deutlich machen. Jedenfalls schadet es niemandem – im Gegenteil, jeder wird gesundheitlichen Nutzen davon haben –, wenn wir aus den bisherigen Erkenntnissen die Konsequenz ziehen, unsere tägliche Natriumaufnahme auf 5 Gramm zu reduzieren.

Natrium – Die Fakten

Natrium und Kalium im Körper – Tagesbedarf und Umstellung der Gewohnheiten – die Ganzheitsmedizin und ihre Feststellungen in bezug auf den Zusammenhang zwischen Salz und Krankheit. Die salzige Lösung, in der Millionen unserer Körperzellen schwimmen, ist in der Konsistenz ähnlich der des walisischen Meeres vor langer Zeit, als Organismen mit einem Blutkreislauf zum ersten Mal auftauchten und an Land gingen. Seit dieser Zeit ist das Meer »salziger« geworden und das Land »weniger salzig«. Die Tiere haben schnell ein Gefühl für Salz entwickelt, doch Menschen scheint dies nicht so leicht zu fallen. Zwar können wir das Natrium im Kochsalz (Natriumchlorid) schmecken, aber wir sind nicht fähig, die Aufnahme Bedürfnissen des Körpers anzupassen. Diese Unfähigkeit, den genauen täglichen Bedarf zu bestimmen, hat dazu geführt, daß wir zuviel Salz essen. Wir müssen uns darüber klarwerden, daß wir niemals an einem Natriummangel leiden können, da der menschliche Körper nur äußerst geringe Mengen dieses Mineralstoffes ausscheidet; daß jedoch die Gefahr besteht, daß wir unseren Organismus mit zuviel Natrium belasten.

Die Funktion des Natriums im Körper hängt mit der des Kalium eng zusammen. Die beiden Mineralstoffe arbeiten zusammen, um das Gleichgewicht in den Körperzellen sowie in der Flüssigkeit, die die Zellen umgibt, zu gewährleisten. Kalium befindet sich in den Zellen und Natrium in der interzellularen Flüssigkeit. Der das Gleichgewicht kontrollierende Mechanismus auf jeder Zelloberfläche wird die Natriumpumpe genannt. Sie wird genauestens gesteuert und hört niemals auf zu arbeiten. Die beiden Mineralstoffe werden bei der Übertragung von Nervenimpulsen, auf die der Muskel entsprechend reagiert, benötigt. Ferner kommen Kalium und Natrium im Blutserum (der klaren Flüssigkeit, in der die Blutzellen schwimmen) vor. Ein Mensch mit einem Körpergewicht von 65 kg speichert 92 Gramm Natrium in seinem Organismus, das entspricht 234 Gramm Kochsalz (denn Salz setzt sich zu 40% aus Natrium und zu 60% aus Chlorid zusammen). Etwa die Hälfte dieser Menge befindet sich in der Zellflüssigkeit, 40% in den Knochen und 10% in den Zellen. Natrium wird durch Schweiß, Kot und Urin vom Körper ausgeschieden. Um die 92 Gramm Natrium unter normalen Bedingungen beizubehalten, brauchen wir nicht mehr als 3 Gramm Salz am Tag, und das ist ein Drittel bis ein Viertel von dem, was wir normalerweise zu uns nehmen. Schätzungen des täglichen Bedarfs liegen zwischen 1 bis 8 Gramm, das bedeutet, daß unser Körper selbst bei Durchfall oder extremem Schwitzen noch genügend Natrium zur Verfügung hat, wenn wir den Empfehlungen folgen, den Durchschnittsverbrauch von 10 bis 12 Gramm auf die Hälfte zu reduzieren. Bei starker körperlicher Belastung oder bei plötzlichem Klimawechsel kann der Natriumbedarf etwas ansteigen, aber der menschliche Organismus ist in solchen Fällen darauf eingerichtet, die Salzausscheidung selbst zu reduzieren. Möglicherweise braucht der derart belastete Körper aber dennoch zusätzliche Mineralstoffe. Diese führt man ihm dann am besten wieder in Frischkost zu, da es erwiesen ist, daß das Natrium- und Kaliumgleichgewicht in Obst und frischem Gemüse gewährleistet ist. Beim Kochen oder bei der industriellen »Verfeinerung« der Speisen wird der Kaliumanteil verringert, in der Frischkost dagegen liegt er sehr viel höher, und auch in natürlichen Vollkornprodukten ist das Natrium-Kalium-Gleichgewicht vorhanden.

In den letzten Jahren hat man sich wieder zunehmend mit dem Problem Salz beschäftigt. Ganzheitsmediziner vertreten die Ansicht, daß die ständige erhöhte Natriumzufuhr und der Kaliummangel nicht nur zu Bluthochdruck und seinen Folgen führen kann, sondern ebenso zu Diabetes, Arthritis, zu Allergien und Multipler

Sklerose wie zu weniger ernsthaften Störungen wie Reizbarkeit, Kopfschmerz und Schlaflosigkeit. Mediziner und Heilpraktiker berichten auch über Patienten mit Wasserablagerungen, Übersäuerung des Magens und andere Erkrankungen, die sie mit zu hohem Salzgenuß in Verbindung bringen.

Die Krebsklinik in Bristol/Großbritannien rät ebenfalls zu wenig gesalzener Kost. Hier ist man der Meinung, »Salz zerstöre die gesundheitlich wichtige Balance zwischen Kalium und Natrium«, und »es greife die Nebennierendrüsen an und verursache Streß«.

Da all das Natrium, das wir brauchen, fertig in organischer, leicht assimilierbarer Form in natürlichen Nahrungsmitteln verfügbar ist, scheint es vernünftig, guten Gebrauch davon zu machen.

Nahrungsmitteltabellen

Aufstellung einer Anzahl gebräuchlicher Nahrungsmittel mit Angabe ihres ungefähren Salzgehaltes (hoch/mittel/niedrig).
Im allgemeinen wird konservierten und industriell verarbeiteten Nahrungsmitteln Natrium in Form von Kochsalz in Mengen zugesetzt, die den Natriumgehalt der Produkte im rohen Zustand um einiges überschreiten. In unbehandelter Nahrung ist der Kaliumanteil immer höher als der Natriumanteil. Bei der Verarbeitung der Nahrungsmittel geht das meiste des natürlichen Natriums und Kaliums verloren. Der Natriumanteil wird jedoch durch Salzzusatz wieder erhöht, wodurch das natürliche Verhältnis der beiden Mineralstoffe nicht mehr ausgewogen ist. Falls Ihre Ernährung in erster Linie aus Konserven und Fertigprodukten besteht, ist das natürliche Natrium-Kalium-Gleichgewicht Ihres Körpers gestört.
Die folgende Aufstellung gibt den jeweiligen Natriumgehalt (hoch/mittel/niedrig) der Nahrungsmittel an. Dabei fällt auf, daß die mit »hoch« eingestuften Nahrungsmittel fast alle zu den »behandelten« gehören, während in der Spalte »niedrig« fast ausschließlich natürliche und Vollkornprodukte erscheinen.
Zusammenfassung: In einer natriumarmen Ernährung sollten folgende Nahrungsmittel vermieden oder mit Einschränkung gegessen werden: jede Form von geräuchertem und konserviertem Fleisch und Fisch, Schellfisch, Wurst, Pasteten und Fleischprodukte; sauer Eingelegtes, Fertigsaucen und Fertigmischungen; Zusätze auf Natriumbasis, d. h. Natriumglutamat, doppelkohlensaures Natron, Backpulver; Pommes frites, Gemüsekonserven, verschie-

dene Cornflakessorten, gesalzene Nüsse, die meisten Käsesorten, abgepackte Semmelbrösel; Gepökeltes, Hefeextrakt. Essen Sie weniger Margarine (es sei denn ungesalzene), entrahmte Milch und Milchprodukte sowie Konditoreiwaren und Süßigkeiten, Brot aus raffiniertem Mehl (backen sie Ihr Brot selbst – siehe S. 80).
Keine Probleme gibt es beim Verzehr von fast allen Obst- und Gemüsesorten, ungeräuchertem Fisch (außer Schellfisch) und magerem Fleisch (wenn möglich von unbehandelten Tieren).

Der Natriumanteil in Nahrungsmitteln

Nahrungsmittel mit extrem hohem Natriumanteil (ca. 750 mg pro 100 g)

Nahrungsmittel, denen Natrium zugesetzt wurde

Blutwurst
Brühwürfel
Corned Beef
Cornflakes
eingelegter Hering und Rollmops
geräucherter Fisch
geräuchertes Fleisch
Kapern
Kaviar
Leberwurst
Mixed Pickles
roher Schinken
Rotkraut aus der Dose
Salami
Sardellen
Senf

sowie alle Lebensmittel, die durch Natrium- und Salzbeigaben haltbar gemacht oder konserviert wurden. Außerdem gehören in diese Gruppe noch:

Backpulver
Natriumglutamat
Natriumkarbonat

Nahrungsmittel mit hohem natürlichen Natriumanteil

Krabben
Lamm
Meeresfrüchte
Ochsenfleisch

Nahrungsmittel mit mittlerem Natriumanteil (40–759 mg pro 100 g)

Nahrungsmittel, denen Natrium zugesetzt wurde

Butter, gesalzene
Brot
Erdnüsse, geröstete
Fisch (z. B. Fischstäbchen)
Hamburger
Kakaopulver
Milch, entrahmte
verschiedene Wurst- und Fleischsorten

Nahrungsmittel mit mittlerem natürlichen Natriumanteil

Eier
Forelle
Geflügel
Hefe
Hüttenkäse
Innereien
Joghurt
Kartoffeln
mageres Fleisch
und außerdem
auch noch verschiedene Gemüsearten.

Nahrungsmittel mit geringem Natriumanteil (unter 40 mg pro 100 g)

Nahrungsmittel, denen Natrium zugesetzt wurde

Gelee
Nudeln
verschiedene Backwaren

Nahrungsmittel mit geringem natürlichen Natriumanteil
die meisten Obst- und Gemüsesorten sowie unraffiniertes Mehl, ungesalzene Vollkornprodukte und Nüsse.

Natürliche Alternativen

Was kann man anstelle von Salz nehmen, um dem Essen Würze zu verleihen? Zunächst mag die Vorstellung einer Mahlzeit ohne Salz oder mit nur wenig Salz schrecklich sein, aber wenn Sie es nur kurze Zeit ausprobieren, werden Sie merken, daß der Eigengeschmack der Speisen viel besser zur Geltung kommt.
Schon in früheren Zeiten verfeinerten Kräuter und Gewürze die Menüs, aber aus vielen Gründen ging der Gebrauch der verschiedenen Speisezutaten zurück. Erst in den letzten Jahren ist das Interesse an gesunder Ernährung wieder erwacht, und seither werden auch wieder aromareiche Küchenkräuter anstelle von nur Salz und Pfeffer verwendet.
Neben Kräutern und Gewürzen sind alkoholische Getränke traditionelle Geschmacksverstärker der Gerichte. Bei richtiger Verwendung verkocht der Alkohol und betont den Eigengeschmack der jeweiligen Speise. Gutes Bier, sauberer Apfelwein und für manche Gelegenheiten auch Weinbrand können ein Gericht ungeheuer schmackhaft machen. Man kann aber auch Obst- oder Weinessig verwenden. Nehmen Sie lieber eine kleine Menge guten Wein als eine große Menge einer schlechten Marke. Der Saft oder die abgeriebene Schale einer Zitrone kann den Geschmack sowohl pikanter als auch süßer Speisen verbessern.
Verschiedene Zwiebelsorten verstärken den Eigengeschmack eines Gerichtes, wenn sie gekocht und nicht vorgebräunt werden. Werden sie gebräunt, so verleihen sie ihm einfach ihr eigenes Aroma. Zur Familie der Zwiebeln gehören (nach Intensität des

Geschmacks geordnet): Schnittlauch, Frühlingszwiebeln, Schalotten, Gemüsezwiebeln, Lauch und natürlich Knoblauch.
Frisch geriebener Meerrettich, Chili und auch Senfkörner machen ein Gericht scharf. Auch frischer Ingwer ist fast überall erhältlich und verfeinert süße wie auch saure Speisen.

Salzersatz
Jemand, der seit Jahren an übersalzene Nahrung gewöhnt ist, glaubt vielleicht, sich mit Hilfe eines natriumarmen Salzes oder einem Salzersatz leichter auf die salzfreie Küche umstellen zu können.

Anbau und Lagerung von Kräutern und Gewürzen
Frische Kräuter und Gewürze haben ein viel besseres Aroma als getrocknete. Frische Petersilie kann man überall bekommen, aber auch andere frische Kräuter wie Thymian, Schnittlauch, Salbei und Rosmarin kann man heute in kleinen Mengen im Supermarkt und in Gemüseläden kaufen.
Es ist jedoch billiger und keineswegs schwierig, die Kräuter selbst zu ziehen. Sie können entweder Samen oder Jungpflanzen kaufen. In einer sonnigen Ecke in gut gedüngter Erde oder in einem Blumenkasten oder Kübel gedeihen sie gut. Ziehen Sie für den Sommer Basilikum, Schnittlauch und Estragon und für die anderen Jahreszeiten Salbei, Rosmarin, Majoran und Thymian. Bewahren Sie frische Kräuter gewaschen und abgetrocknet in einer Plastiktüte im Kühlschrank oder in der Gefriertruhe auf. Deponieren Sie entweder ganze Zweige in der Kühltruhe, dann können Sie bei Bedarf kleine Stücke davon abbrechen, oder schneiden Sie sie klein, und frieren Sie sie in Eiswürfelschalen ein.
Kaufen Sie Gewürze möglichst immer frisch, und zerstampfen Sie nur die Menge, die Sie brauchen. Gewürze werden in Gläsern mit Drehverschluß vor Licht geschützt aufbewahrt, damit sie nicht an Aroma und Farbe verlieren.

Stark natriumhaltige Aromastoffe
Vermeiden Sie diese, oder verwenden Sie sie vorsichtig. Dazu gehören die meisten Sorten von Brühwürfeln, Hefeextrakt, Sojasauce und Fertigsaucen. Prüfen Sie das Etikett, insbesondere bei Brühwürfeln, denn es gibt auch inzwischen schon ungesalzene.

Gesünder backen ohne Salz

Der Platz in diesem Buch reicht nicht aus für gesunde, natriumarme Backrezepte, aber die folgenden Vorschläge mögen Ihnen eine Richtlinie geben. Vollkornbrot ohne Salz gebacken schmeckt nur nach Getreide, und Sie können den Geschmack verändern, indem Sie eine Handvoll Hafer- oder Gerstenflocken, Sonnenblumenkerne oder Sesamsamen, gehackte Nüsse – hier eignen sich Walnüsse gut – unter den Teig mischen. Es ist wichtig, das fehlende Salz durch einen anderen Aromastoff zu ersetzen, denn wenn Sie es einfach weglassen, schmeckt das Brot langweilig. Sie können zunächst auch die Salzmenge auf die Hälfte reduzieren, damit Sie sich allmählich an die neue Geschmacksrichtung gewöhnen. Auch süße Brote aus Hefeteig sind lecker und enthalten wenig Salz und wenig Fett.

Frische Kräuter und Gewürze können Salz oft ersetzen und schmecken viel abwechslungsreicher.

Rezepte

Wenig Salz – kein Salz

Salz ist lebenswichtig und besteht aus 40% Natrium und 60% Chlorid. Menschen in den westlichen Zivilisationen nehmen aber eine weitaus größere Menge Kochsalz zu sich, als der Organismus benötigt. Ernährungswissenschaftler haben herausgefunden, daß der Tagesbedarf nicht höher liegt als 8 Gramm. Meist ist diese Menge schon in natürlichen Nahrungsmitteln enthalten. Ein Mehr an Natrium hat gesundheitliche Schäden zur Folge; es kommt zu Bluthochdruck und zu anderen Herz-Kreislauf-Erkrankungen, Nierenkrankheiten und vielen anderen Beschwerden.

Jüngste Forschungen haben ergeben, daß in Gegenden, in denen viel frisches Obst und Gemüse und die naturbelassenen Lebensmittel, die das richtige Verhältnis von Kalium und Natrium enthalten, verzehrt werden, Bluthochdruck seltener vorkommt als in den westlichen Ländern. Dort wird nämlich der industriell behandelten Nahrung Kalium und Natrium entzogen, aber nur Natrium (in viel zu großen Mengen) wieder beigesetzt. Der Mangel an Kalium kann durch eine natürliche Vollkornkost und mehr Obst und Gemüse behoben werden.

Man hat inzwischen auch festgestellt, daß durch Salzmißbrauch der gesamte Mineralstoffhaushalt aus dem Gleichgewicht gerät. Der genaue Zusammenhang zwischen anderen Mineralstoffen und Kalium und Natrium wird in Zukunft sicherlich noch mehr untersucht werden, aber schon die vorliegenden Erkenntnisse sollten

uns veranlassen, unseren Salzkonsum um unserer Gesundheit willen um 50% zu reduzieren.
In den hier vorgestellten Rezepten werden in erster Linie unbehandelte Nahrungsmittel und natürliche Aromastoffe verwendet. Die Zutaten enthalten wenig Salz, Fett und Zucker, aber viele Ballaststoffe. Sie werden überrascht sein, wie interessant, schmackhaft und gesund diese Rezepte sind.

Wenn Sie sich gesünder ernähren möchten, sollten Sie folgende Vorschläge beherzigen:

Weniger Fett:
Fisch und Getreide anstelle von Fleisch
Grillen statt braten
Verwenden Sie entrahmte und halb-entrahmte Milch und Naturjoghurt statt Sahne
Kaufen Sie Magerkäse – Edamer, Camembert und Hüttenkäse – anstelle der fetten Sorten – Streichkäse, Butterkäse und Brie.

Weniger Salz:
Stellen Sie den Salzstreuer vom Tisch
Verwenden Sie weniger Salz beim Kochen
Vermeiden Sie hoch salzhaltige Produkte wie Kartoffelchips, eingelegten Fisch, geräucherten Schinken usw.

Weniger Zucker:
Vermeiden Sie Süßwaren, süße Getränke, süße Kekse und Kuchen

Mehr Ballaststoffe:
Kaufen Sie Vollkornbrot
Verwenden Sie öfter Vollkornmehl, ungeschälten Reis und Vollkornnudeln und ballaststoffreiche Produkte wie Hülsenfrüchte, Reis, Teigwaren und Gemüse als Grundlage eines jeden Gerichtes.

Über die Rezepte

Sie werden feststellen, daß es viele fleischlose Rezepte in diesem Buch gibt. Gerade diese Gerichte sind natriumarm, enthalten wenig Fett und Zucker, aber viele Ballaststoffe. Sie gehören zu einer gesunden Ernährung und viele Leute ersetzen aus diesem Grund eine oder zwei Fleischmahlzeiten durch etwas anderes. Da aber Unsicherheiten bestehen, ob eine fleischlose Kost die Ausgewogenheit, die der Körper benötigt, bietet, werden zwei komplette vegetarische Menüs vorgestellt. Bei jedem Rezept ist der Natriumanteil angegeben. Die Menge entspricht, wenn nichts anderes angegeben ist, der für vier Personen.
Die Menüvorschläge umfassen jeweils drei Gänge, weil manche lieber Vorspeisen und Hauptgerichte essen, und andere Hauptgericht und Nachtisch bevorzugen. Einige Vorspeisen eignen sich auch mit etwas knusprigem Vollkornbrot als leichtes Mittagessen.
Die Zutaten zu den Rezepten sind bekannt und leicht zu bekommen. Manche, die Sie nicht kennen, sind es wert, ausprobiert zu werden, denn sie bringen Vielfalt in Ihren Speiseplan. Wir empfehlen Ihnen die frischesten Vollkornprodukte, Nahrungsmittel, denen nichts entzogen und nichts beigesetzt ist. Kaufen Sie nur Eier von freilaufenden Hühnern. Beachten Sie bitte, daß die Mengenangaben für die Bohnengerichte sich auf trockene Bohnen beziehen, und diese noch wie angegeben eingeweicht werden müssen.
Apfelsaftkonzentrat ist ein guter Zuckerersatz beim Kochen oder verdünnt als Geschmacksverstärker für Getränke. Auch Obstessig ist vielseitig verwendbar, besonders in delikaten Salatsaucen. Er enthält wertvolle Mineralstoffe, vor allem Kalium. Wir verwenden reines Olivenöl (kaltgepreßt oder erste Pressung) beim Kochen, denn es verkocht nicht so leicht wie zum Beispiel Sonnenblumen- oder Sesamöl, die sich mehr für kalte Speisen eignen.
Für Nichtvegetarier stellen wir einige Fisch- und Fleischrezepte vor, die aber auch nach den Maßstäben der neuesten Gesundheitsforschung zusammengestellt sind.

Vegetarische Menüvorschläge

Menü I:

Birnen mit Sahnequarkdressing (Rezept siehe S. 45)
Butterbohnengulasch (Rezept siehe S. 90)
Orangenpfannkuchen (Rezept siehe S. 74)

Menü 2:

Tomaten-Selleriesuppe (Rezept siehe S. 46)
Cashew-Nußkuchen (Rezept siehe S. 48)
Erdbeersorbet (Rezept siehe S. 72)

Avocado und Grapefruit

Natriumgehalt: ca. 3 mg pro Portion

2 rosa Grapefruits
2 reife Avocados
2 gelbe Grapefruits
Joghurtkäse, Quark

Grapefruit waschen, schälen und zerlegen, den Saft auf einem Teller auffangen.
Avocado halbieren und schälen und jede Hälfte vorsichtig in 4–5 Stücke schneiden. Auf vier Teller verteilen und fächerförmig anordnen.
Verteilen Sie die Grapefruitstückchen auf die Teller, indem Sie die rosa Stückchen auf die eine Seite der Avocado und die gelben auf die andere Seite legen.
Avocado mit Grapefruitsaft beträufeln und sofort – wenn Sie mögen, mit etwas Joghurtkäse – servieren.

Birnen mit Sahnequarkdressing

Natriumgehalt: ca. 5 mg pro Portion

4 reife Birnen (pro Person)
400 g Quark, Joghurt, Käse
4 TL Obstessig oder Rotweinessig
1 gepreßte Knoblauchzehe
frisch gemahlener schwarzer Pfeffer
kleingehackter Schnittlauch oder Frühlingszwiebeln zum Garnieren
4 Blätter Kopfsalat

Reife fruchtige Birnen mit einem milden, pikanten Dressing ergeben eine leckere Vorspeise

Die Birnen schälen, halbieren und entkernen und jeweils mit der flachen Seite nach unten auf einen mit Salat belegten kleinen Teller legen.
Quark, Essig, Knoblauch und schwarzen Pfeffer vermischen und jeweils einen Teelöffel davon auf die Birnenhälften geben.
Mit kleingehacktem Schnittlauch oder Frühlingszwiebeln garnieren und sofort servieren.

Tomaten-Selleriesuppe

Natriumgehalt: ca. 75 mg pro Portion

Eine schnell zu kochende Suppe mit interessanter Gewürzmischung

2 mittelgroße, gehackte Zwiebeln
2 große kleingeschnittene Stangensellerie
1 EL Öl
400 g ungesalzene Tomaten aus der Dose
1 Lorbeerblatt
1 TL Selleriesalz nach Belieben
Ungesalzener Brühwürfel (nach Belieben)
600–900 ml Gemüsebrühe
frisch gemahlener schwarzer Pfeffer
Saft einer halben Zitrone
Schale einer halben Zitrone (zum Garnieren)
oder gehackte Sellerieblätter

Zwiebeln und Sellerie in heißem Öl 5–10 Minuten sautieren, ohne zu bräunen. Kleingeschnittene Dosentomaten mit Saft, das Lorbeerblatt, Selleriesalz und gegebenenfalls den Brühwürfel zufügen. 600 ml Gemüsebrühe einrühren und zugedeckt 25 Minuten bei schwacher Hitze kochen lassen. Mit Pfeffer und Zitronensaft abschmecken.
Entweder so servieren oder noch etwas mit Gemüsebrühe verdünnen. Mit Pfeffer und noch etwas Zitronensaft nachwürzen.
Wiedererhitzen und entweder mit etwas zerriebener Zitronenschale oder gehackten Sellerieblättern garniert und mit Sesamcroûtons servieren.

Die Blätter von Stangensellerie eignen sich besonders gut zur Dekoration.

Als anregende Beilage: Sesamcrôutons

4 Scheiben Vollkornbrot ohne Kruste (siehe S. 80)
1 TL hochungesättigtes Fett (ungesalzene Margarine *oder* ungesalzene Butter)
2 TL gemahlener Sesamsamen

Die Brotscheiben mit Margarine oder Butter bestreichen und mit den gemahlenen Sesamsamen bestreuen. In längliche Streifen schneiden und auf einem Backblech im Ofen ca. 10 Minuten backen. In Crôutons schneiden und zu jeder beliebigen Suppe reichen.

Cashew-Nußkuchen

Natriumgehalt: ca. 25 mg pro Portion

175 g feingehackte Zwiebeln
1–3 gepreßte Knoblauchzehen
1 EL Öl
50 g kleingeschnittene Pilze
175 g gemahlene Cashewnüsse
100 g Vollkornbrotkrumen (siehe S. 80)
1 geraspelte Karotte
1 TL getrockneter Thymian
1 TL getrocknetes Oregano
1 TL natriumarmer Hefeextrakt
1 TL Sojamehl
150 ml kochendes Wasser
2 TL kaltes Wasser
frisch gemahlener schwarzer Pfeffer

Zwiebeln und Knoblauchzehen 5 Minuten in Öl sautieren, in den letzten 2 Minuten geschnittene Pilze zugeben.
Nüsse, Brotkrumen, Karotte und Kräuter mischen und zu den Zwiebeln geben.
Hefeextrakt in etwas kochendem Wasser auflösen. Sojamehl und Wasser verrühren, Hefeextrakt untermischen und langsam in die Nußmischung gießen. Genug von dem kochenden Wasser dazugeben, damit die Mischung feucht wird.
Mit schwarzem Pfeffer würzen und abschmecken. Eine 450 g-Kastenbackform mit Backtrennpapier oder Folie auslegen, leicht einfetten und die Mischung hineingeben. 40 Minuten im Backofen bei 170 °C (Gas: Stufe 4) backen. Vor dem Stürzen einige Minuten stehenlassen.
Heiß mit Pilz- und Sherrysauce (siehe S. 50), Pellkartoffeln und Brokkoli servieren oder kalt mit Salaten und krustigem Vollkornbrot.

Nußkuchen einmal ganz anders: als pikantes Hauptgericht.

Pilz- und Sherrysauce

Natriumgehalt: ca. 16 mg pro Portion

Eine aromareiche Sauce, die besonders gut zu Cashew-Nußkuchen (siehe S. 48), Teigwaren oder Gewürzpasteten paßt.

1 EL Öl
175 g große, flache, kleingeschnittene Pilze
1–2 gepreßte Knoblauchzehen
1 TL getrockneter Thymian
3–4 EL trockenen Sherry
6 EL konzentrierte Gemüsebrühe
1 TL Getreidemehl oder Pfeilwurz

Öl in einer kleinen, schweren Pfanne erhitzen und die Pilze mit dem Knoblauch 5 Minuten darin sautieren.
Thymian, Sherry und Gemüsebrühe zufügen und zugedeckt 5–10 Minuten bei leichter Hitze kochen lassen.
Pilze unterrühren, Getreidemehl oder Pfeilwurz zufügen und erneut leicht erhitzen.
Mit Cashew-Nußkuchen (siehe S. 48) servieren.

Variation: Paßt zu allen Gerichten, die eine gehaltvolle Sauce brauchen oder zu Gemüse, Pellkartoffeln, Toast etc.

Verlockend angerichtete Mahlzeiten schmecken doppelt so gut: neue Kartoffeln mit Broccoli und Pilz-Sherrysauce.

Gemüsecurry

Natriumgehalt: 50–150 mg pro Portion, abhängig von der verwendeten Gemüsesorte

Dieses Curry hat einen charakteristischen Geschmack und läßt sich leicht zubereiten.

675 g verschiedene Gemüsesorten (gewürfelt oder kleingeschnitten, Wurzel- oder Grüngemüse, Pilze etc.)
100 g Zwiebeln
1 Knoblauchzehe
2 TL gemahlener Kümmel
2 TL Garam Masala (Gewürzmischung)
½ TL Chili oder Ceyennepfeffer
1 TL Kurkuma
2 EL Öl
2 EL Zitronensaft oder Obstessig
1 TL Erdnußbutter oder Tahini
2 EL Tomatenpüree (ohne Salz)
1 EL Naturjoghurt (nach Belieben)
2 grüne, entkernte Chillies (nach Belieben)

Die Zwiebeln mit dem Knoblauch und den Gewürzen 5 Minuten in Öl sautieren. Das restliche Gemüse (außer weichem Grüngemüse, wenn dieses verwendet wird) zufügen und weitere 5 Minuten sautieren.
Gemüse mit heißem Wasser aufgießen, das Grüngemüse beigeben und Zitronensaft oder Essig, Erdnußbutter und Tomatenpüree unterrühren.
15–20 Minuten bei schwacher Hitze kochen lassen, dann den Joghurt dazugeben.
Mit braunem Reis und Beilagen wie Kokosnußraspeln, Apfel-, Tomaten-, Orangen- oder Gurkenstückchen, Joghurt und Chapatis servieren.
Anmerkung: Je nachdem, ob Sie mit Cayennepfeffer oder Chilipfeffer würzen, wird das Curry mild bis mittelscharf.

Zu jedem Currygericht ist Reis eine fast unerläßliche Beilage. Versuchen Sie doch einmal Naturreis, der besonders reich an gesunden Nährstoffen ist.

Spaghetti marinara

Natriumgehalt: 34 mg pro Portion

Eine Mahlzeit, die schnell gemacht ist, mit typisch südländischem Geschmack

175 g feingehackte Zwiebeln
2 gepreßte Knoblauchzehen
4 EL Öl
1 grüne Paprikaschote
3 in Streifen geschnittene Stangensellerie
800 g ungesalzene Tomaten aus der Dose
2 EL ungesalzenes Tomatenpüree
2 Lorbeerblätter
1 TL Basilikum oder Oregano, getrocknet oder frisch
2 EL frische, gehackte Petersilie
2 EL Zitronensaft oder Obstessig
1 ungesalzener Brühwürfel
frisch gemahlener schwarzer Pfeffer
225 g Vollkornspaghetti

Die Zwiebeln mit dem Knoblauch 5 Minuten im heißen Öl sautieren. Grüne Paprika und Sellerie zufügen und zugedeckt weitere 5 Minuten sautieren.
Tomaten, Tomatenpüree, Kräuter, Zitronensaft und den Brühwürfel dazugeben und gut untermischen.
Zugedeckt ca. 25–30 Minuten bei schwacher Hitze kochen lassen.
Inzwischen die Spaghetti in kochendem Wasser nicht länger als 12 Minuten kochen. Sie sollen al dente schmecken und noch Biß haben. Abschütten und mit der Marinara-Sauce servieren.
Als Beilage empfiehlt sich ein knackiger, grüner Salat.

Auf köstliche Nudelgerichte muß man heute nicht mehr verzichten. Die pikanten Zutaten der italienischen Küche schmecken ohne Salz noch intensiver.

Fast-traditionelle Pizza (für 2–3 Personen)

Natriumgehalt: 34 mg pro Portion

Teig:
225 g reines Vollkornmehl
½ Tl Senfpuder
1 TL Parmesan
1 TL natriumarmes Backpulver
50 g ungesalzene Margarine
150 ml warme, entrahmte Kuhmilch oder Sojamilch

Belag:
1 EL Öl
1 mittelgroße, feingehackte Zwiebel
2 Stangensellerie in feinen Scheiben
2 gepreßte Knoblauchzehen
400 g ungesalzene Tomaten aus der Dose
1 EL ungesalzenes Tomatenpüree
je 1 TL Basilikum, Thymian und Oregano
frisch gemahlener schwarzer Pfeffer
175 g in Scheiben geschnittene, knopfgroße Pilze
100 g Joghurtkäse
1 TL Parmesan
½ TL Senfpuder
1 TL Öl
je ½ TL Paprika und Oregano
300 ml kochendes Wasser

Die trockenen Zutaten in eine Schüssel sieben und die Margarine in Flocken dazugeben. Alles gut durchmischen. Soviel Milch hineingeben, daß ein geschmeidiger, aber nicht klebriger Teig entsteht. Auf einem leicht eingefetteten Backblech zu einem Ball formen und zu einer runden Fläche von ca. 25 cm Durchmesser flachpressen. Beiseite stellen.
Das Olivenöl in einer schweren Pfanne erhitzen und die Zwiebeln und den Sellerie 2 Minuten darin sautieren. Den Knoblauch zufügen und weitere 2 Minuten sautieren.
Die Dosentomaten in Stücke schneiden und mit 2 EL ihres Saftes zu den Zwiebeln geben. Das Tomatenpüree hineinrühren und mit den Kräutern und dem schwarzen Pfeffer abschmecken. 5 Minuten ohne Deckel leicht kochen lassen.

Die Pilze 3 Minuten im kochenden Wasser blanchieren. Gut abtropfen lassen und ein Viertel der Pilze zum Garnieren beiseite stellen. Den Rest zu der Tomatenmischung geben.
Joghurt, Parmesan und Senfpuder verrühren. Die Pizza mit Olivenöl bestreichen und die Tomatenmischung darauf verteilen.
Die Joghurtmischung auf das Gemüse geben und mit den geschnittenen Pilzen zudecken. Die Paprika-Oregano-Mischung darüberstreuen und 15–20 Minuten bei 230 °C (Gas Stufe 7) im Backofen backen.
Sofort mit einem frischen, grünen Salat servieren.
Anmerkung: Wenn Sie sich besonders fettarm ernähren möchten, können Sie das Gemüse in einer schweren Pfanne in 2–3 EL guter Gemüsebrühe oder Tomatensaft anstatt in dem Olivenöl schmoren.

Fisch gebacken

Natriumgehalt: 150 mg pro Portion

Ein leckeres und attraktives Rezept für die Zubereitung von ölhaltigen Fischen wie Forelle oder Makrele.

4 Forellen, Makrelen oder andere Fische
225 g in Scheiben geschnittene Zwiebeln
frisch gemahlener schwarzer Pfeffer
2 EL gehackte frische Petersilie
1 Zweig frischen Rosmarin oder 1 EL getrockneten Rosmarin
1 in Scheiben geschnittene Zitrone
2 EL Tomatenpüree (ohne Salz)
2 EL Wasser
6 EL Weißweinessig

Fische ausnehmen und die Köpfe entfernen. Unter fließendem Wasser gut abspülen.
Die Hälfte der Zwiebeln auf den Boden eines feuerfesten Topfes und die Fische nebeneinander auf die Zwiebeln legen und mit schwarzem Pfeffer, der Hälfte der gehackten Petersilie und der Hälfte des Rosmarins würzen.
Die restlichen Zwiebeln auf die Fische und die Zitronenstückchen in die Mitte des Topfes geben. Das Tomatenpüree mit Weinessig und Wasser vermischen und über den Fisch gießen. Den übrigen Rosmarin und die Petersilie über den Fisch streuen.
Mit Folie bedecken und bei 200 °C (Gas Stufe 5) 40–45 Minuten im Backofen backen, bis der Fisch zart ist.
Mit neuen Pellkartoffeln und grünen Bohnen servieren. Es paßt auch Rosenkohl dazu.

Zitrone in Scheiben oder Schiffchen sollte als Dekoration bei Fisch nie fehlen.

Heilbutt »Algarve«

Natriumgehalt: 140 mg pro Portion

1 EL Öl
175 g feingehackte Zwiebeln
½ in Scheiben geschnittene grüne Paprikaschote
225 ml ungesalzene Tomaten aus der Dose
450 g Heilbutt oder anderen weißen Fisch, filetiert ohne Haut
275 g Vollkornmehl
frisch gemahlener schwarzer Pfeffer
50 g ungesalzene Butter
225 ml trockener Weißwein

Die Zwiebeln 3 Minuten in heißem Öl kochen. Grüne Paprika zufügen und weitere 3 Minuten kochen, dann die Tomaten dazugeben und die Mischung bei schwacher Hitze kochen lassen.
Den Fisch in 4 Teile teilen. Mit schwarzem Pfeffer würzen und den Fisch im Mehl wälzen.
Öl, Wein und Butter in einer schweren, großen Pfanne erhitzen. Fisch hineingeben und schnell von beiden Seiten anbraten, bis er braun wird.
Vor dem Servieren etwas Sauce auf jeden Teller gießen und den Fisch darauflegen. Den Rest der Sauce separat dazu reichen.
Neue Kartoffeln und ein grünes Gemüse vervollständigen das Gericht.

Seefisch hat soviel eigenes Aroma, daß sein Geschmack erst ohne starke Gewürze voll zur Geltung kommt.

Orangenhähnchen mit Estragon

Natriumgehalt: ca. 138 mg pro Portion

Hähnchen in delikat gewürzter, cremiger Sauce ist ein schönes, leichtes Gericht für ein Abendessen mit Gästen oder ein Sonntagsmittagessen.

40 g ungesalzene Butter
2 EL Öl
1 Hähnchen, in Viertel geteilt
225 g feingehackte Zwiebeln
175 ml tiefgefrorenes Orangensaftkonzentrat
150 ml Wasser
1 ungesalzener Gemüsebrühwürfel
4 Zweige frischen Estragon oder 1 TL getrockneten Estragon
1 EL Getreidemehl oder Pfeilwurz
150 ml saure Sahne oder Joghurt

Butter und Öl in einer großen feuerfesten Kasserolle erhitzen. Hähnchen kurz anbraten und zur Seite legen.
Die Zwiebeln in der gleichen Kasserolle 3 Minuten schmoren, dann Orangensaft, Wasser, Brühwürfel und Estragon dazugeben. Zum Kochen bringen.
Das Hähnchen mit in die Kasserolle legen und bei 200 °C (Gas Stufe 5) 1½ Stunden im Backofen schmoren. Dabei ab und zu Saft über das Hähnchen gießen. Danach die Hähnchenteile aus der Sauce nehmen und warmstellen.
Getreidemehl oder Pfeilwurz mit 2 TL kaltem Wasser verrühren und zu der Hähnchensauce geben. Langsam erhitzen und dick werden lassen, dann unter ständigem Rühren 2–3 Minuten kochen. Von der Herdplatte nehmen und etwas abkühlen lassen. Saure Sahne oder Joghurt in die Sauce rühren und über das Hähnchen gießen.
Mit neuen Kartoffeln oder braunem Reis und jungen Karotten servieren.

Es muß nicht immer die schwere Canard à l'orange sein! Hähnchen schmeckt köstlich und ist viel bekömmlicher.

Fisch und Fenchel gebacken

Natriumgehalt: 175 mg pro Portion

1 große Lauchstange
2 mittelgroße Fenchelknollen
1 Zitrone
225 g Kabeljaufilet oder anderen weißen Fisch ohne Haut und Gräten
100 ml Naturjoghurt (niedrige Fettstufe)
1 Ei (von freilaufenden Hühnern)
3 EL weiche Vollkornbrösel
ungesalzene Margarine

Lauchstange und Fenchelknolle putzen und die zarten Teile in 2 cm dicke Scheiben schneiden.
Die Zitrone achteln, vier Teile beiseite stellen, die restlichen mit dem Gemüse in einen Topf geben. Mit kochendem Wasser bedekken, gut kochen lassen, bis das Gemüse und die Zitrone weich sind. Zitronenstückchen herausnehmen.
Etwas von dem Gemüsewasser in eine Bratpfanne gießen. Den Fisch in große Stücke teilen und bei schwacher Hitze im Gemüsewasser ziehen lassen, bis er zart ist. Dann Wasser abgießen und harte Stellen abschuppen. Das Gemüse abtropfen lassen.
Eine 600 ml fassende Auflaufform einfetten. Joghurt und Ei so lange schlagen, bis alles gut verrührt ist.
Die Hälfte des Fischs gleichmäßig in der Form verteilen. Eine Lage mit dem gesamten Gemüse daraufgeben und die Hälfte der Joghurtmischung darübergießen, dann wieder eine Schicht Fisch mit Joghurtmischung darübergeben. Gut mit Vollkornbröseln bestreuen und Margarineflocken auf allem verteilen.
15–20 Minuten bei 180 °C (Gas Stufe 4) backen. Servieren und die restlichen Zitronenstückchen zum Darüberträufeln dazureichen.

Knusprig überbackene Gerichte sind immer ein Gaumenschmaus voll Überraschungen.

Fischspießchen

Natriumgehalt: ca. 100 mg pro Portion

Marinade:
1 in Scheiben geschnittene Zwiebel
6 EL trockener Weißwein
3 EL Öl
2 EL frischer Dill

Spießchen:
3 Zucchini
450 g Fisch mit festem, weißen Fleisch, gehäutet
2 mittelgroße, geviertelte Zwiebeln
1 in runde Scheiben geschnittene Zitrone
100 g kleine, unzerteilte Pilze

Die Zutaten für die Marinade in einen Topf geben, anwärmen und so lange rühren, bis sie gut vermischt sind. Beiseite stellen.
Die Zucchini in 2 cm dicke Scheiben schneiden, die Enden entfernen. Den Fisch von Kopf, Schwanz und Innereien befreien und in ca. 4 cm dicke Stücke schneiden.
Die Fischstücke abwechselnd mit dem Gemüse und den Zitronenscheiben auf 4 Spieße stecken. Die Spieße auf einen flachen Teller legen und mit der Marinade übergießen. 30 Minuten stehenlassen und die Spieße 2–3mal wenden.
Den Grill vorheizen, die Spieße in die heiße Grillpfanne legen. Mit der Marinade bestreichen. Bei mittlerer Hitze ca. 15 Minuten grillen, bis der Fisch durch ist. Dabei die Spieße öfters umdrehen.
Sofort auf braunem Reis mit gegrillten Tomaten als Beilage servieren.

Fisch einmal ganz anders zubereitet und apart kombiniert.

Katalonisches Lamm

Natriumgehalt: 194 mg pro Portion

6 EL Öl
1 EL ungesalzenes Tomatenpüree
150 ml trockener Sherry
450 g mageres Lammfleisch, gewürfelt
1 kleingehackte Zwiebel
1 kleingehackter Stangensellerie
1 kleingehackte Karotte
schwarzer Pfeffer
¼ TL zerstoßenen, getrockneten Rosmarin
gehackte Petersilie

Das Tomatenpüree und den Sherry mit der Hälfte des Öls vermischen. Über das in Würfel geschnittene Lamm gießen und 1 Stunde marinieren.
Das restliche Öl in einer schweren Pfanne erhitzen und das Gemüse so lange darin dünsten, bis es weich ist.
Das Fleisch aus der Marinade nehmen und in die Pfanne mit dem Gemüse geben. Weitere 10 Minuten kochen, mit Pfeffer würzen.
Den Rosmarin und danach die Marinade dazugeben und weitere 20 Minuten kochen lassen. Wenn nötig, mit etwas Wasser verdünnen.
Mit gehackter Petersilie bestreut servieren.

Lammfleisch wurde lange Zeit übergangen. Dabei schmeckt es ganz besonders delikat. Wer nicht auf die Beilage verzichten kann, dem seien Kartoffeln empfohlen.

Hähnchen »Patrice«

Natriumgehalt: 130 mg pro Portion

1½ kg Hähnchen
50 g ungesalzene Butter
schwarzer Pfeffer
1 EL Majoran
100 g grüne Weintrauben
Zitronensaft
300 ml Hühnerbrühe
½ TL Pfeilwurz
100 ml Joghurt (mit geringem Fettgehalt)

Hähnchen mit einem Stich Butter und den Kräutern in einen Bratentopf geben, mit schwarzem Pfeffer würzen.
45 Minuten bei 200 °C (Gas Stufe 5) im Backofen braten, nach ca. 20 Minuten mit Bratensaft übergießen.
Aus dem Ofen nehmen und in acht Stücke schneiden. Auf eine vorgewärmte feuerfeste Platte legen und wieder in den Ofen stellen, aber bei einer niedrigeren Temperatur von 100 °C (Gas Stufe 3).
Die Weintrauben entweder ungeschält verwenden oder wie folgt schälen: Die Trauben in kochendem Wasser 10 Sekunden abbrühen, dann in kaltem Wasser abschrecken. Abtropfen lassen, schälen und entkernen und mit Zitronensaft bedeckt beiseite stellen.
Den Hähnchensaft mit Pfeilwurz und Wasser eindicken, die Hühnerbrühe dazugeben. Rühren, bis es kocht und die Sauce klar geworden ist. Etwas abkühlen lassen, dann den Joghurt unterrühren. Die Trauben in die Sauce geben und über die Hähnchenteile gießen.

Hähnchen muß nicht immer stark gesalzen sein. Im Gegenteil! Süße Weintrauben bilden einen aparten Kontrast zu dem Fleisch.

Erdbeersorbet (für 6–8 Personen)

Natriumgehalt: nur eine Spur

Ein Sorbet ist ein Wassereis mit untergehobenem Eiweiß. Es sollte beim Servieren wie fester Schnee aussehen. Es ist delikat und gesund und einfach zuzubereiten.

900 g Erdbeeren
2 EL Kirsch- oder anderer Fruchtlikör
2 EL flüssiger, milder Honig
Saft einer Zitrone
Eiweiß von einem Ei

Die Erdbeeren putzen und waschen. Gut abtropfen lassen.
Likör, Honig und Zitronensaft unter die Erdbeeren mischen. Durchsieben, wenn Sie die Samen nicht mögen, und in einen flachen Tiefkühlbehälter mit Deckel füllen. Schnell gefrieren lassen, dabei ab und zu mit einer Gabel von außen nach innen rühren. Herausnehmen und erneut schlagen.
Unter das steifgeschlagene Eiweiß heben, in Behälter füllen und einfrieren. (Bis zu 3 Monate haltbar.)
Vor dem Servieren aus der Tiefkühltruhe nehmen und 30 Minuten auftauen lassen, so daß sich das Sorbet leicht aus dem Behälter löffeln läßt. Ein Sorbet soll man nie direkt aus der Tiefkühltruhe servieren.

Knuspriger Apfelschichtpudding

Natriumgehalt: ca. 12 mg pro Portion

Dieser Pudding aus kühlem Apfelmus und knusprigen Getreideflocken ist schnell fertig und schmeckt besonders gut nach einem Curry-Gericht.

450 g süße Äpfel oder eine Kombination aus süßen und Backäpfeln
4 EL Apfel- oder Orangensaft
Getreideknusperflocken (siehe S. 82)
4 EL Naturjoghurt

Die Äpfel schälen, entkernen und in Scheiben schneiden. Vorsichtig in dem Apfel- oder Orangensaft zerdrücken, dann entweder durch ein Sieb drükken oder mit dem Mixer pürieren. Etwas abkühlen lassen.
4 Gläser abwechselnd mit einer Schicht Apfelmus und Getreideknusperflocken füllen, dabei mit einer Schicht Apfelmus beginnen und enden. Obendrauf kommt ein Klecks Joghurt.

Orangenpfannkuchen (für 4–6 Personen)

(8–12 Pfannkuchen) Natriumgehalt: ca. 25 mg pro Pfannkuchen

Teig:
1 Ei (von freilaufenden Hühnern)
300 ml Kuh- oder Sojamilch
100 g Vollkornmehl
3 EL Öl
15 g Butter oder Margarine

Sauce:
4 Orangen
225 ml Orangensaft
2 EL Grenadine oder flüssiger Honig
½ TL Pfeilwurz oder Getreidemehl verrührt mit
1 EL Wasser

Das geschlagene Ei und etwas von der Milch zu dem durchgesiebten Mehl geben. Rühren und mit der Hälfte der restlichen Milch verquirlen. Die übrige Milch langsam dazulaufen lassen, bis der Teig die richtige Konsistenz hat. Kräftig schlagen und 30 Minuten stehenlassen.

Öl und Butter oder Margarine in einer kleinen Pfanne erhitzen und in eine Tasse füllen.

Mit Hilfe eines fettbeständigen Papiers jedesmal vor dem Backen eines Pfannkuchens die Pfanne leicht damit einölen.

Die Pfanne von der Herdplatte nehmen, 2–3 EL Teig hineingeben, etwas herumdrehen, damit der Boden dünn und gleichmäßig mit Teig bedeckt ist und auf jeder Seite 1–2 Minuten bräunen. Mit einem Pfannenheber vorsichtig wenden. Der erste wird meistens ein Fehlschlag, weil Sie erst die richtige Temperatur und Teigmenge ausprobieren müssen!

Für den sofortigen Gebrauch die Pfannkuchen aufeinander auf einen Teller über eine Pfanne mit siedendem Wasser legen. Vor dem Einfrieren die Pfannkuchen zum Abkühlen auf ein Kuchengitter legen. Wenn sie abgekühlt sind, schockgefrieren und in einem Plastikbehälter nicht länger als 3 Monate aufbewahren.

Die Orangenschale fein raspeln. Mit Orangensaft, Grenadine oder Honig in eine kleine schwere Pfanne geben und bei schwacher Hitze so lange ziehen lassen, bis die Sauce eingedickt ist. Dieser Arbeitsgang kann während des Pfannkuchenbackens erfolgen. Wenn die Sauce noch zu dünn ist, etwas abschöpfen oder mit der Pfeilwurzpaste eindicken.
Orangen schälen und in Stücke zerlegen. Kurz vor dem Servieren in die Sauce geben, damit sie warm werden.
Jeden Pfannkuchen zusammenfalten, um einen Fächer zu bilden; entweder in überlappenden Schichten auf einen großen, flachen

Teller legen und die Sauce in der Mitte darübergießen oder jeweils 2 oder 3 auf einen Teller legen und die Sauce in die Mitte füllen. Sofort mit Joghurt oder Frischkäse servieren.

Anmerkung: Nur kernlose Orangen wie Spanische Navel sind in der Jahreszeit zwischen November und April nicht immer gespritzt. Alle anderen sollten mit heißem Wasser und Essig gut abgeschrubbt werden, um das wachsartige Spray zu entfernen.

Als Mehl kann man entweder nur Vollkornmehl oder zur Hälfte Vollkornmehl und wahlweise Buchweizen-, Mais-, Hafer- oder Gerstenmehl nehmen; jedes hat einen anderen Geschmack.

Melone mit Orangen

Natriumgehalt: ca. 10 mg pro Portion

1 reife Melone
3–4 süße Orangen
1 EL Zitronensaft oder Orangenlikör
Pfefferminzzweige

Melone halbieren und entkernen, dann in Würfel schneiden.
Orangen schälen und in Stücke zerlegen, mit den Melonenwürfeln mischen.
Zitronensaft oder Likör einrühren und 30 Minuten stehenlassen, damit sich das Aroma entfalten kann. In schönen Gläsern servieren.
Mit einem Pfefferminzzweig garnieren.

Fruchtige Joghurtspeise

Natriumgehalt: ca. 62 mg pro Portion

50 g weiße Mandeln
oder Cashewnüsse
25 g Sonnenblumenkerne
25 g Sesamsamen

2 rote, entkernte Äpfel
300 ml Naturjoghurt
1 EL flüssiger Honig
50 g grüne, entkernte Trauben

Nüsse und Samen in einem Mixer oder einer Getreidemühle je nach Geschmack grob oder fein mahlen.
Kleingeschnittenen Apfel und Joghurt dazugeben und alles vermischen. Kosten und gegebenenfalls Honig zufügen.
Noch ein paar Sekunden in den Mixer geben, damit sich der Honig vermengt. Sofort in Gläser füllen und garniert mit einer Traube oder Apfelscheibchen servieren.
Man kann statt der Äpfel auch jedes andere Obst der jeweiligen Jahreszeit nehmen, z. B. Pfirsiche, Orangen, Bananen, Himbeeren.
Versuchen Sie diese Speise zum Frühstück mit Müsli oder Getreideknusperflocken.

Dattel- und Apfelschmaus

Natriumgehalt: 55 mg pro Portion

Eine frische Speise mit viel natürlichem Geschmack.

4 süße Äpfel
Saft einer ½ Zitrone
60 g kleingeschnittene Datteln
2 EL getrocknete ungesüßte Kokosnuß
300 ml Naturjoghurt (mit geringem Fettgehalt)
gemahlener Zimt
oder Muskatnuß zum Garnieren

Äpfel waschen, entkernen und reiben. Zitronensaft einrühren. Die anderen Zutaten dazugeben und in Gläsern servieren. Etwas von den Gewürzen darüberstreuen.

Vollkornbrot

Natriumgehalt: ca. 31 mg pro Scheibe

1 kg Vollkornmehl
100 g Sojamehl
25 g Fertighefe oder
50 g frische Hefe
100 g Weizen-, Gersten- oder Roggenflocken
50 g Vollweizen- oder Gerstenkörner, über Nacht in Apfelsaft eingeweicht oder in 2–3 Tagen gekeimt
1 EL Melasse, Honig oder Malz
1 EL Öl
900 ml lauwarmes Wasser

Das gesamte Mehl in eine große Schüssel sieben, die Kleie aus dem Gesiebten zu den Flocken geben. Fertighefe hinzufügen. Die Körner abtropfen lassen und der Mehlmischung beimengen. Die Einweichflüssigkeit wird zur benötigten Wassermenge dazugenommen.
Beim Gebrauch von Frischhefe: Melasse, Öl und Hefe mit 6 EL lauwarmem Wasser verrührt dazugeben und zum Abschäumen an einen warmen Ort stellen.
Die Wassermischung zu dem Mehl und den Körnern geben, dabei etwas von dem Wasser übrigbehalten, falls der Teig zu trocken wird.
Den locker gemischten Teig auf ein mit Mehl bestäubtes Backbrett legen und mit der Hand 10 Minuten oder im Mixer 4 Minuten kneten. (Wenn Sie mit der Maschine arbeiten, werden einige der Flocken zerdrückt.)
Mit einem Handtuch zugedeckt an einem warmen Ort 30–40 Minuten gehenlassen, bis der Teig sich verdoppelt hat.
Den Teig entweder zu einer schmalen Rolle passend für eine 1 kg-Kastenbackform oder für 2 Kastenformen rollen.
Nochmals ca. 30 Minuten bis zur doppelten Größe aufgehen lassen.
Wenn die Laibe aufgegangen sind, vorsichtig einglasieren. Kleine

Brote ca. 30 Minuten, größere 40 Minuten im vorgeheizten Backofen bei 220 °C (Gas Stufe 7) backen.
Das Brot ist fertig, wenn es – klopft man daran – einen hohlen Klang hat. Auf einem Drahtgitter auskühlen lassen. Es kann bis zu 2 Monate in der Tiefkühltruhe aufbewahrt werden.

Getreideknusperflocken (für 8 Personen)

Natriumgehalt: 22 mg pro Portion

300 g große Haferkörner oder Haferflocken
50 g Weizenkeime
50 g grob gehackte Walnüsse, Cashew- oder Haselnüsse
50 g Sesamsamen
50 g Sonnenblumen- oder Kürbiskerne
50 g ungesüßte trockene Kokosnuß (nach Belieben)
120 ml flüssiger Honig
50 g Trockenobst

Alle trockenen Zutaten, außer dem Trockenobst, miteinander vermischen. Den Honig dazurühren, bis alle trockenen Zutaten gut bedeckt sind. Auf ein großes Backblech ausbreiten und bei 170 °C (Gas Stufe 4) goldbraun backen. Ab und zu umrühren, damit sie nicht anbrennen.
Abkühlen lassen. Obst zufügen und in einem luftdichten Behälter aufbewahren. Zum Frühstück mit Joghurt, Milch oder Fruchtsaft mit geriebenem Apfel, Banane oder Orange.

Sie können aus jedem rohen Gemüse oder Obst einen Salat zubereiten. Die Zusammensetzung und der Geschmack können variieren, wenn Sie Verschiedenes kombinieren. Hier sind ein paar grundsätzliche Regeln für einen guten Salat:

1. Zutaten erst kurz vor dem Servieren zerschneiden, um einen Vitaminverlust zu vermeiden.
2. Verändern Sie die Formen der Zutaten, indem Sie eine Gemüsesorte in Scheiben schneiden, eine andere raspeln, in Würfel oder Ringe oder Stifte schneiden.
3. Variieren Sie die Zusammensetzung durch cremige, geschnittene Avocado, knackige dünngeschnittene Sellerie, herzhafte Brunnenkresse und frische Frühlingszwiebeln in einem grünen Salat.
4. Verändern Sie die Farben mit folgendem: in Scheiben geschnittene rohe Pilze, frische Orangenstückchen und Chicoréespitzen in einem Französischen Dressing; geraspelte Karotten, in Scheiben geschnittener grüner Apfel und Rosinen in einem Dressing aus 4 EL Orangensaft, 1 TL Senf und ½ TL Zimt; Gurkenstücke in einer Knoblauch-Joghurt-Sauce. Zutaten: Nüsse, Sonnenblumen-, Sesam- und Kürbiskerne, Trockenobst, Kräuter, Bohnensprossen oder gekeimte Samen.

Salatsaucen sind genauso wichtig wie der Salat selbst und können einfaches Gemüse in etwas Besonderes verwandeln. Mischen Sie ein paar Salatsaucen am Anfang der Woche, und bewahren Sie sie bis zur Verwendung in Gläsern mit Drehverschluß auf.

Tofumayonnaise

Tofu oder Bohnenquark ist ein fett- und cholesterinarmes, proteinhaltiges Nahrungsmittel aus dem Fernen Osten und findet in vielen Gerichten Verwendung. Für die Mayonnaise eignet sich der glatte oder seidige Tofu am besten.

300 g glatter Tofu
200 ml Öl
4 EL Zitronensaft oder Obstessig
1 TL natürliche Sojasauce

Alle Zutaten in einem Mixer mischen bis sie dick und cremig werden. In einem luftdichten Glas im Kühlschrank 1 Woche haltbar. Kann bis zu einem Monat eingefroren werden.

Roter Bohnensalat

Natriumgehalt: ca. 37 mg pro Person

Dieser gehaltvolle und aromatische Salat ist mit Vollkornbrot als Beilage ein füllendes Mittagessen.

225 g rote Kidney-Bohnen, über Nacht eingeweicht
1 EL Öl
2 EL Tomatenpüree (ohne Salz)
150 ml kaltes Wasser
1 EL Obstessig oder Zitronensaft
½ mittelgroße feingehackte Zwiebel
1–2 gepreßte Knoblauchzehen
1 TL Senf
2 EL Öl
1 in 5 cm große Würfel geschnittene Gurke
2 feingeschnittene Stangensellerie
½ grüne Paprikaschote in 2 cm dünnen Streifen
2 EL frische Petersilie
frisch gemahlener schwarzer Pfeffer
gehackten Schnittlauch oder Frühlingszwiebelspitzen zum Garnieren

Kidney-Bohnen in einem Küchensieb sorgfältig abspülen und abtropfen lassen. Mit 1 EL Öl in eine Pfanne geben und mit frischem kaltem Wasser bedecken. Zum Kochen bringen und 10 Minuten sprudelnd kochen, dann Hitze reduzieren und 1–1 ½ Stunden bei milder Hitze kochen, aber nicht matschig werden lassen. (Die Bohnen sind gar, wenn sie sich zwischen Daumen und Zeigefinger leicht zerdrücken lassen.)
Während die Bohnen kochen, das Dressing zubereiten. Das Tomatenpüree in einen Becher mit Deckel in das kalte Wasser rühren, restliche Zutaten und Öl ebenfalls zugeben. Mischen oder schütteln und über die noch heißen, aber abgetropften Bohnen gießen. Gut untermischen und marinieren lassen, bis der Salat abgekühlt ist.

Nun Gurke, Sellerie, grüne Paprika und Petersilie dazugeben und mit schwarzem Pfeffer würzen.
Mit Schnittlauch- oder Frühlingszwiebelröllchen garnieren und mit Vollkorn-Toast oder Sesam-Croûtons servieren.

Variationen: Die Bohnen entweder mit einem Lorbeerblatt oder mit einer gepellten mit 3–4 ganzen Gewürznelken gespickten Zwiebel kochen, oder gehackte Walnüsse mit Gemüse hinzufügen, oder
ersetzen Sie die Gurke und die grüne Paprika durch eine in Würfel geschnittene Fenchelknolle.

Bohnen-Mandel-Salat (für 4–6 Personen)

Natriumgehalt: ca. 3–4 mg

Roh oder gekocht ein leckerer Beilagensalat

700 g kleingeschnittene grüne Bohnen
2 mittelgroße, süße, rote Paprikaschoten

Salatsauce:
50 ml Gemüseöl
50 ml Zitronensaft
50 ml Reisweinessig (aus dem Feinkostladen) oder Weinessig
2 TL Koriandersamen
2 ganze Gewürznelken
1 TL geriebene Zwiebel
½ Lorbeerblatt
¼ TL getrockneter Thymian
½ TL Selleriesamen

Zum Garnieren:
4 EL gehackte Petersilie
50 g Mandelblättchen

Bohnen in einer Pfanne zugedeckt mit etwas kochendem Wasser 3 Minuten dünsten. Abschütten.
Die Paprikaschoten grillen, bis sie Blasen bekommen und langsam schwarz werden. Dabei öfter wenden. Für 10 Minuten in eine fest verschlossene Papiertüte legen. Die Haut abstreifen, Paprikaschoten längs halbieren, dann Samen und Kerne entfernen. In 3 mm breite Streifen schnciden.
Die Zutaten für die Salatsauce in einen großen Topf geben. Zum Kochen bringen, dann die Hitze reduzieren und die Bohnen und Paprika zufügen. Gut abdecken und 7 Minuten kochen, dabei von Zeit zu Zeit den Topf herumschwenken.
Den Salat in einer hitzebeständigen Salatschüssel abkühlen lassen. Lorbeerblatt und Gewürznelken entfernen. Zugedeckt kaltstellen. Kurz vor dem Servieren Petersilie und Mandeln darüberstreuen.

Lassen Sie bei Salaten Ihrer Phantasie freien Lauf: das Auge freut sich an den frischen Farben.

Butterbohnengulasch

Natriumgehalt: 63 mg pro Portion

Dies ist ein einfaches und schnell zuzubereitendes Gericht, das besonders gut zu braunem Reis und einem unserer knackigen Salate schmeckt.

175 g Butterbohnen
1 Lorbeerblatt
2 EL kaltgepreßtes Öl
1 mittelgroße grobgeschnittene Zwiebel
1 gepreßte Knoblauchzehe
175 g geputzte, geviertelte Pilze
1 grüne, entkernte, entsamte, in Streifen geschnittene Paprikaschote
1–2 EL Paprika
400 g ungesalzene Tomaten aus der Dose
1–2 EL ungesalzenes Tomatenpüree
150 ml Butterbohnenbrühe
1 salzarmer oder ungesalzener Brühwürfel
schwarzer Pfeffer
2 EL Naturjoghurt

Die Bohnen über Nacht einweichen. In ein Küchensieb abschütten und abwaschen. Mit dem Lorbeerblatt in eine Pfanne geben, mit kaltem Wasser und 1 EL Öl bedecken. Zum Kochen bringen und 10 Minuten sprudelnd kochen; dann die Hitze reduzieren und 1–1 ½ Stunden kochen, aber nicht matschig werden lassen. (Sie sind fertig, wenn sich eine Bohne zwischen Daumen und Zeigefinger leicht zerdrücken läßt.) Abschütten und 150 ml der Brühe aufbewahren.
Das restliche Öl in einer schweren Kasserolle erhitzen und die Zwiebel mit dem Knoblauch 3 Minuten darin sautieren. Pilze und grünen Paprika dazugeben und weitere 3–5 Minuten sautieren. Nun das Paprikapulver hineingeben, umrühren, als sollte es das Gemüse einhüllen und das Gewürz langsam mitbraten.
Den Saft der Tomaten, das Tomatenpüree und den in dem Bohnenwasser aufgelösten Brühwürfel unterrühren. Als nächstes ganz

vorsichtig, ohne sie abzubrechen, die Butterbohnen und die Tomaten untermischen.
Bei schwacher Hitze durchwärmen lassen, mit schwarzem Pfeffer würzen und mit einem Klecks Joghurt garnieren.

Register

FARBIGE RATGEBER

10266

10250

10252

10253

10255

10259

GOLDMANN

FARBIGE RATGEBER

10265

10258

10261

10264

10262

10256

GOLDMANN

FARBIGE RATGEBER

10251

10254

10263

GOLDMANN